技能を統合した
英語学習のすすめ

小学校・中学校・高等学校での工夫と留意

中森誉之 著

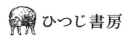

まえがき

　子どもは、遺伝子によって決定付けられている、発達プログラムに導かれて成長していく。小学校一年生と六年生を比べてみると、心と身体は変身を続け、その証は、ことばの履歴に刻まれていく。中学校一年生と三年生とでは、思考は脱皮を繰り返し、振る舞いが変幻していく。こうした成育には個人差があり、大人が介入することのできない自律性を備えているため、発達段階に即した学習指導を行うことが、教育の大前提となる。

　本書は、学習者の立場から、英語技能学習指導の在り方を検討するものである。学習者の認知発達に合わせた留意点を、カリキュラム設計や授業実践に反映させる提案を示していく。母語では、「聞く・話す・読む・書く」の4技能は別個に習得するものではなく、結合して運用されている。しかし、外国語の教育実践においては、こうした言語本来の姿に沿った指導が成されてはこなかった。

　今後主流となる、技能を組み合わせていく統合技能の型式は、一見すると、ことばの機能そのものであり、自然で魅力的である。その意義を推奨することは容易であるが、カリキュラム設計を緻密に、正しく行わなければ、不安要因が増し、授業に大きな混乱をもたらすことが予見される。それぞれの技能を無秩序に混合することによって、学習者が直面するつまずきの原因究明と、対処が困難となっていくためである。

　統合技能の指導法は、唯一無二の手法に絞り込むことができない柔軟性を備えている。そのため、多種多様な教科書や教材・教具が入手できる現在、教育者である教師一人一人が教壇に立ち、生徒と向き合う中で、臨機応変にシラバス・デザインを見いだしていくことである。

　近い将来、AI ロボットをはじめとする、人工知能を搭載した教材・教具が、教育の現場を席巻するであろう。教師は、これらの道具を自在に使いこ

なし、自由に創造的な授業を企画立案することができる。本書では、自主教材作成の指針と活用法、学習者の段階性に従った指導順序、指導に当たっての注意すべき点とその論拠を、人間の脳機能や感覚器官（聴覚・視覚・触覚）の側面から詳述していく。

　著者の立ち位置は、児童・生徒のつまずきを予防して、学習上の阻害要因を除去し、学習困難をあらかじめ回避することを第一に据えている。未知である外国語を学ぶ過程が、少しでも円滑に進むように傾注していきたい。そのための理論的根拠は、学習者が直面した困難性の原因解明と、対処策を与える言語病理学、学校教育臨床研究を基盤とする言語習得論、言語学、心理学、教育学を拠り所としている。

　したがって、社会で広く受け入れられている「常識」とは、相容れない提案や、それらに改変を求める主張を含むことが予想されるが、特定の立場を非難・批判することは意図していない。

　特に、小学校段階での英語教育では、児童の生涯にわたって、正と負の影響を及ぼすため、厳格とも思える主義を貫いている。学校教育臨床研究者として、理論研究と実地踏査の示唆に基づき、言語習得上配慮されるべき要件を、明確に提示している。これらが満たされない場合は、自己防衛の取れない認知発達段階にある児童の脳（心や精神）に深刻な反応、変化をもたらすことが憂慮される。こうした要件が満たされて初めて、日本人の英語力は現在よりも向上し、英語教育改革の成果が見られることが期待できる。

　本書では、理論に立脚した教育実践の展開可能性を具体的に示し、暫定的な到達目標を設定している。試験や評価を行う上での目安を提案していくが、具現化には、教育評価論専門家による科学的な精緻化を求めたい。技能学習指導の評定は、単語数や文法項目だけでは不十分であり、正確さ・円滑さ、流暢さ・適切さや複雑さ、といった尺度が、精密に指標として与えられる必要があるためである。これらが整備されて初めて、我が国独自の段階別到達点が、明確に定まることとなる。

　本書は、ひつじ書房より刊行した拙著の、完結編と位置付けている。『学びのための英語学習理論』では、音声・文字とつづり・語彙・構造・運用の

習得理論、学習困難性と克服策を整理して、言語処理能力育成の重要性を提案した。『学びのための英語指導理論』では、言語処理能力育成の観点から、4技能と語彙・文法の学習指導理論を構築して、技能を統合していく必要性を提唱してきた。このことを受けて本書では、技能を統合する必然性と、統合技能の全体像について検討を加えていく。小学校・中学校・高等学校で、段階性（レディネス）を遵守しながら、どのように技能を統合していくか、カリキュラム設計と具体的な授業実践の試論を、教育学的見地から提起してみたい。

　基盤として展開する教授学習理論は、長年にわたって文部科学省科学研究費補助金の援助を受けてきたものである。日本人にとって、最適な英語教育理論を、自国で開発するための基礎研究に基づいている。執筆に当たって直接引用した文献はなく、現在までの拙著全てで参照した資料の精粋となっている。

　人間の知恵の源泉には言語があり、言語の根源は音である。文字体系は、この音声を保存するために、人間が作り出した記号体系として存在している。音声があっての文字であり、生得的に音声から言語は習得され、文字は後天的に学習していく体系である。

　現代認知科学の知見では、第二言語や外国語も、文字から学習されるのではなく、音声に誘導されながら獲得されることが立証され、世界の一般常識となっている。文字媒体によるコミュニケーションに対して、音声としての言語の地位が揺らぐことはない。

　本書は、著者が交流を持った、多くの教師たちの情熱と良心、画一的な教育制度になじめなかった学習者たちの、夢と希望によって支えられている。かれらからの純粋な原動力に、心から感謝申し上げる。

2017 年 12 月　中森誉之

目　次

まえがき　iii
段階性（レディネス）について　xvi

序章　4技能から統合技能へ————————————1

はじめに……2
1.　英語学習指導の目的と目標……2
2.　4技能の在り方……3
3.　統合技能と言語教育学……4

第1章　これまでの英語学習指導————————————7

はじめに……8
1.　文法訳読法と構文解析技術……9
　1.1.　文法訳読法で可能になること……9
　1.2.　文法訳読法では実現できないこと……10
　1.3.　構文解析技術の効能……11
　1.4.　文字列の音声化……14
2.　直輸入された技能学習指導法……15
　2.1.　言語環境の相違……15
　2.2.　教師が持つ言語知識の違い……16
　2.3.　理論基盤の変遷……18
　　2.3.1.　伝統的な外国語教育理論……18
　　2.3.2.　第二言語習得理論の脆弱性……20

    2.3.3.　日本の学界の現状……21
3.　従来の英語教育を概括する……22

第2章　これからの英語学習指導————25

はじめに……26
1.　どのように語彙・文法と技能は関係しているのか……27
2.　運用能力育成に向けた語彙・文法の位置付け……28
　2.1.　語彙力と単語帳・単語テスト……29
　　2.1.1.　語彙の学習経験……29
　　2.1.2.　受容語彙と発表語彙……31
　2.2.　文法規則と用法・用例……33
　2.3.　新しい語彙・文法の学習指導教材……35
3.　技能学習指導の順序性……37
　3.1.　技能導入の全体像……37
　3.2.　時間軸で整理した導入順序……39
4.　日本の技能学習指導の拠り所……40
5.　運用能力を育む教材・教具……41
6.　今後の英語教育を展望する……42

第3章　技能学習指導への心組み————45

はじめに……46
1.　学習を誘導する音声……46
　1.1.　文字導入は慎重に……47
　1.2.　音声が支える言語知識……48
　1.3.　学習年齢に応じた模範音声……49
　1.4.　国際化時代の英語発音……50
2.　教育学と心理学が説く学習指導の知見……52

2.1. 記憶の原理……52

  2.1.1. 関連性と情報の取捨選択……52

  2.1.2. 理解……53

  2.1.3. 学習……53

  2.1.4. 熟達……53

  2.1.5. 語彙・文法学習への示唆……54

2.2. 教育の枢要な観点……54

2.3. 学習一般を促進する原理原則……55

  2.3.1. 学習意欲と自律……55

  2.3.2. 探究学習と知識の活用……55

  2.3.3. 説明……56

  2.3.4. 内省・省察……56

3. 言語知識と言語技能の教育原理……57

3.1. 分散練習、接触量と頻度……57

3.2. 多様な文脈……57

3.3. 感覚運動器官の自動調整と明示的知識の限界……58

3.4. 対象の整理……58

3.5. 英語能力成長の過程……59

4. 学習者の個人差と学習指導……60

4.1. 三タイプの学習者……60

  4.1.1. 視覚処理優勢型……60

  4.1.2. 聴覚処理優勢型……61

  4.1.3. 身体処理優勢型……61

4.2. 自分はどのタイプか……61

4.3. タイプ別の外国語学習方法……64

  4.3.1. リスニング……65

  4.3.2. やり取りのリスニング……66

  4.3.3. 音声による語彙と文法の学習……66

  4.3.4. ペア、グループ学習……67

x

    4.3.5.　討論や議論……67

    4.3.6.　リーディング……68

    4.3.7.　ライティング……68

    4.3.8.　自学自習、自律学習……69

第4章　統合技能の概説 ——————————71

はじめに……72

1.　なぜ技能を統合するのか……72

  1.1.　統合技能とはなにか……73

  1.2.　統合技能の授業運営……74

2.　統合技能に必要となる能力の育成……75

  2.1.　英語圏の教材とカリキュラム……75

  2.2.　TOEFL® iBT……78

3.　どのように技能を統合するか……80

4.　統合技能の学習指導……82

  4.1.　学習段階に合わせた統合方法……82

  4.2.　統合技能の校種別概要……84

    4.2.1.　中学校段階後半……84

    4.2.2.　高等学校段階前半……85

    4.2.3.　高等学校段階後半……85

5.　英語母語話者教師に期待されること……86

6.　学習指導要領と統合型の技能指導……87

資料　一貫性のある技能学習指導に向けたカリキュラム設計……88

第5章　小学校段階の教育実践 ——————————93

はじめに……95

1.　小学校段階における認知発達の重要性……95

1.1. 小学生と認知発達……96

1.2. 他者とのかかわりと「心の理論」……97

1.3. 認知発達と中学校入学試験……98

1.4. 小学校英語教育で解決すべき「問い」……99

2. 聞く活動……100

2.1. 英語発音をたくさん聞く……100

2.2. 日本語にはない音……101

2.3. 日本語にはない響き……101

2.4. リズム……102

2.5. チャンツ……103

3. 話す活動……104

3.1. 耳が慣れてから発音練習を開始する……104

3.2. 音声連続が導く自然な定型表現……105

4. 文字とつづりの学習指導……106

4.1. 文字の背後にある音……106

4.2. フォニックス活用のタイミング……107

4.3. つづりを見る意味……108

4.4. 書写活動……108

4.5. 鏡文字頻発の事態……109

4.6. ローマ字表記の学習……110

5. 教材・教具の活用法……111

5.1. 音声面……111

5.2. 表現面……112

5.3. 文字とつづり……112

6. 指導上の留意点……112

6.1. 音声……112

6.2. 文字……113

6.3. 語彙……114

6.4. 構造……114

6.5. 運用……115

7. 子どもを取り巻く言語環境―ヨーロッパの状況……115

　7.1. 母語話者が話す音声への接触……115

　7.2. 日常的な言語接触の大切さ……116

　7.3. 二言語使用と脳の活性化……117

　7.4. 意味理解の位置付け……118

　7.5. 母語能力の低下と喪失……119

第6章　中学校段階の教育実践──────────121

はじめに……123

1. 聞いて話す活動……123

　1.1. 句や文の聞き取り……123

　1.2. 高頻度語彙と文法形式の学習……124

　1.3. 発音記号と発音方法の振り返り……124

　1.4. 授業設計上の注意点……125

　1.5. 初級段階の学習目標と指導技術（聞く・話す）……127

2. 読む活動……128

　2.1. 音読の役割……129

　2.2. 語順と修飾方向の理解……130

　2.3. 文章の理解……131

　2.4. 授業設計上の注意点……131

　2.5. 初級段階の学習目標と指導技術（読む）……132

3. 書く活動……133

　3.1. 語彙と文法の知識を定着させる……133

　3.2. 自由作文は、まだ早い……134

　3.3. 授業設計上の注意点……135

　3.4. 初級段階の学習目標と指導技術（書く）……136

4. 教材・教具の活用法……136

4.1.　語彙と文法……136

　　4.2.　やり取りと発表……137

　　4.3.　読むことと書くこと……137

5.　指導上の留意点……138

　　5.1.　音声……138

　　5.2.　文字……139

　　5.3.　語彙……139

　　5.4.　構造……140

　　5.5.　運用……140

第7章　高等学校段階の教育実践―――――――――143

はじめに……145

1.　聞いて話す・書く活動……145

　　1.1.　文章の聞き取り……146

　　1.2.　語彙と文法機能、用法・用例の学習……146

　　1.3.　劇やスピーチの活用……147

　　1.4.　聴解素材の要件……148

　　1.5.　中級段階の授業設計上の注意点……149

　　1.6.　中級段階の学習目標と指導技術（聞いて話す・書く）……150

　　1.7.　上級段階の授業設計上の注意点……153

　　1.8.　上級段階の学習目標と指導技術（聞いて話す・書く）……154

2.　読んで話す・書く活動……156

　　2.1.　音読に時間を割く不思議……156

　　2.2.　単語テストと文法規則ドリルからの脱却……158

　　2.3.　確実な理解を促す構造・構文と訳……158

　　2.4.　選択肢問題の有効活用……159

　　2.5.　未知語への対応……159

　　2.6.　授業設計上の注意点……160

2.7. 中級段階から上級段階の学習目標と指導技術（読んで話す・書く）
……162

3. 自由に話す・書く活動……165

3.1. 話せなければ書けない……166

3.2. 準備活動を充実させる……167

3.3. 発表や論述は上級レベル……168

3.4. 授業設計上の注意点……170

3.5. 上級段階の学習目標と指導技術（自由に話す・書く）……171

4. 大学入学試験で問う能力……171

4.1. 目標であって目的ではない……172

4.2. 統合技能試験と余波……173

4.3. 統合技能と「英語が使える日本人」……174

5. 教材・教具の活用法……175

5.1. 聴解……175

5.2. 発話（やり取りと発表）……175

5.3. 読解……176

5.4. 作文……177

6. 指導上の留意点……177

6.1. 音声……178

6.2. 文字……179

6.3. 語彙……179

6.4. 構造……179

6.5. 運用……180

第8章　新時代の英語教育を支える分野————181

はじめに……182

1. 音声学・音韻論の重要性……182

1.1. 聴覚と調音の理解……183

1.2. 音声変化対策……184

1.3. 英語音声教育上の大切な観点……186

  1.3.1. 音素（母音・子音）……186

  1.3.2. 音節……187

  1.3.3. 単語、句、文……188

  1.3.4. 言語独自の呼吸法……188

1.4. 母語同一化音声処理……189

  1.4.1. 母語同一化音声処理の克服必要性……189

  1.4.2. 母語同一化音声処理と年齢要因……190

2. 語用論研究への期待……191

2.1. 場面、文脈、状況とはなにか……192

2.2. 文法の自然さと表現能力向上……193

3. 認知科学の知見……194

3.1. 入力系（音声・文字の解読）……195

3.2. 中央系・処理系（意味の抽出と理解）……196

3.3. 出力系（話す・書く）……197

4. 新技術の可能性と活用……199

4.1. 聴覚と調音器官への支援具……199

4.2. 話す・書く仮想空間……200

4.3. 人工知能の活用……201

  4.3.1. 人工知能の特徴と教材・教具開発……202

  4.3.2. 人工知能脅威論……202

5. 自律する学習の意義……203

5.1. 将来に向けた英語学習……203

5.2. 英語科教員への継続的な支援……205

あとがき……207

索引……209

段階性（レディネス）について

　ここで、本書が設定している英語学習指導の「段階性」について、解説しておきたい。本書では、学校教育課程に重点を置いているために、校種別（小学校・中学校・高等学校）の章立てとしている。

　著者の考え方として、校種別による段階区分ではなく、学習者の個別性を重視した、初級・中級・上級段階を採用したいとの思いがある。この区分方式は、教材でも一般的に設定されているレベルである。

　本書では、小学生は入門期、小学校六年生後半から中学校二年生くらいまでが初級段階、中学校三年生から高校二年生くらいが中級段階、高校三年生以降を上級段階として想定している。英語が得意な学習者や、英語の授業時間数が多い学校では、想定される学年は前倒しで展開される。

　高等学校段階では、英語科カリキュラムに学校の特徴差が生じているばかりではなく、一つのクラスの中にでも、さまざまな段階の学習者が混在している。第7章で詳述するように、高等学校段階においては、中級段階に限定されず、生徒の技能到達度によって、初級段階と上級段階の実践を含む可能性が高い。そのため、校種で画一的な区分を設定する場合は、学習者に対しての、教育的配慮が不可欠となる。

　さらに、高校生や大学生、社会人で、特定の技能だけが不得手な場合は、初級段階のアプローチから再学習を始め、進度を早めて中級・上級段階へと移行することが効果的とされている。その根拠は、ことばの習得には、技能を支える語彙と文法を、累積的に積み重ねていく必要があるためである。

　教授者の心得として、不用意な発言や振る舞いによって、学習者の自尊心を傷つけることが、決してあってはならない。

序　章

４技能から統合技能へ

はじめに

　海に囲まれた、小さな島国で暮らす日本人の心の奥には、不可思議で矛盾した英語への学習観が混在している。英語で話したいという羨望、読めれば十分とする充足感、そして会話を疎ましく軽んじる偏った自己主義である。コミュニケーション能力を培う英語教育においては、会話技術を推進する立場と、そうした在り方を疑問視して、訳読へ回帰する批判とが入れ替わりながら対立を続け、話題となって社会を賑わせてきた。

　日々の教育実践に従事する教師は、その狭間で、拠り所のない手探りの状態で授業を余儀なくされて、学習者の英語力が停滞する結果を招いている。これからの英語教育は、なにを指針に定め、どこへ向かっていくのか。

1.　英語学習指導の目的と目標

　現代社会において英語を学ぶ目的は、ことばとしての外国語の機能を身につけることである。そのためには、音声や文字から情報を正しく理解して、自分のことばで内容や意見を、的確に表出する能力を育成していくことが目標となる。つまり、聞く・読む、話す・書くことを可能にするための技術を、段階的に培うことに他ならない。

　第1章で詳述するように、日本では、訳す作業によって外国語を解釈することに力を注いできた。1990年代以降からは、意思疎通を目的とした運用能力育成を図ろうと努力を重ねている。しかし、教育の現場では、主に理解技能（聞く・読む）に学習指導時間が割り当てられ、表出技能（話す・書く）には、十分な時間を配当することはなかった。

　本書では、理解技術が中心となりがちな技能間の不均衡を是正し、表出する機会を充実させることを目指して、統合技能を提案する。聞いた素材に基づいて話す・書く、読んだ情報をまとめながら話す・書く、というように、段階的に複数の技能を組み合わせて統合していく。文章内容を正確に理解した上で思考して、説明を加え、見解や提案を口頭や筆答で述べることができ

る技能を育むことが、言語本来の機能を系統立てて学習する、言語教育の原点ではないかと考える。

2. 4技能の在り方

　ここで、4技能の定義について述べておきたい。これは、人間が習得する、聞く・話す・読む・書く、基本的な言語の役割であり、自然で当たり前とも感じられる技量である。一つの技能を取り出して論じられるものではなく、それぞれの力を運用することによって、コミュニケーションが成立する。したがって、コミュニケーションを志向するために4技能を学ぶのではなく、4技能を身につけた結果として、コミュニケーションにも活用することができる、外国語の基礎・基本が培われるのである。

　コミュニケーション以外にも、4技能を必要とする場面は少なくない。余暇に小説や雑誌などを読むこと、時事ニュースやコメディーなどを聞くこと、意見や感想などを表明することなど、言語の働きはさまざまである。また、流暢に話すためには、対象を正確に聞く、適切に読むこと、母語で培われた批判的思考力が前提となる。

　教育課程で技能は、会話クラス、読解教室、リスニング講座、というように別個に分割されるべき対象ではなく、中級段階以降においては有機的に結合させることが、ことばとしての自然な在り方である。言語の一側面に特化したコミュニケーションが、英語教育の目的・目標とされ、表層的な技巧の追及や、偏向した批判が成されてきたことに、日本人の英語力停滞の根源的な問題があると思われる。

　英語圏、日本を問わず、特定の技能だけを取り上げる授業や教材が一般的であるが、段階的に複数の技能を融合させながら、学習経験を積むことによって、外国語の運用能力は育成されていく。特に表出技能は、短文中心の会話に留まらず、まとまりのある文章作成へと拡張していく必要がある。つまり、4技能をバランス良く培うための方策が、技能の統合へとつながっていくのである。

3. 統合技能と言語教育学

「コミュニケーション」という曖昧模糊としたカタカナ語は、いつしか矮小化された会話偏重を生み出し、正確な文章の理解と表出がなおざりにされる風潮をもたらした。ことばの技能を等しく高める学習のはずが、学校の授業が英会話教室と化する、さらには、そうなっていくに相違ないと憂慮する教育評論家たちの非難が高まった。「話すこと」に対して過剰に反応し、理論的根拠を示さぬまま、発話技能を独断的に排除しようとする気質は、進歩を阻む消極的で不可解な国民性である。声帯を震わせて、ことばを生み出す言語の根本を否定して、いったい如何なる英語教育を期待しているのであろうか。

今後は、学習者主体の課題探究型の学びによって、読解や聴解に基づき、発話や作文を行うことが不可避である。こうした授業では、なにを素材として提供し、どのように思考を促して判断させ、学習者自身のことばで表現させていくかが重要な観点となる。「英会話は、日本人には不用である」ことを錦の御旗に掲げて、これからも表出技能を敬遠し続けるのであれば、学習者の外国語能力育成に多大な不利益を与えることとなる。言語教育を推進するために、大学入学共通テストなどを含めて、積極的に統合技能が出題されることは、自然な道筋である。

言語を理解して表出する仕組みを解き明かし、習得や学習の過程を明確化した上で、学習者のための教授学習理論を構築することが、著者の一貫した問題意識である。第2章で述べるように、統合技能によって英語運用能力を培うためには、従来の語彙と文法の考え方を転換し、音声を基盤とした脳内処理機構を確立していくことが必要となる。

これは、拙著 *Chunking and Instruction* で実証した言語習得理論と、*Foreign Language Learning without Vision* で検証した認知科学理論からの重要な知見である。表現形式を、適切な場面、文脈、状況下で、音声から定着させることによって、安定した外国語処理の脳内ネットワークが形成されていくことが解明された。言語処理の過程は音に支えられ、音声に導かれながら、語彙

と文法の知識と技能が一体化されて記憶に刻まれ、脳内に根付いていくことは、学術的に認知されている。

　英語を、ことばとして定着させていくことが教育の目的であるならば、正確な訳に固執した学習指導には限界がみられるため、軌道修正が求められる。文法訳読法と、ともにあるべき全く新しい教授学習理論を構築し、教材・教具を開発し、指導技術を高めることに、心血を注いでいかなければならない。これらは、日本の環境に合わせて、日本人自身の手で創成していく挑戦的な重要課題であろう。

　カリキュラムとは、小学校、中学校、高等学校へと、学習者の発達に合わせて、一貫性を持って段階的に設計されるものである。そのため、部分的な枝葉を、教育内容の流れや文脈から切り離し、取り上げて論議を起こすのではなく、言語教育の本質を巨視的にとらえる姿勢が肝要である。教育方法や教育政策は、学習者の成長を促す視点から、教育学に根ざして深く論じられるべき哲学が存在する。青少年を陶冶する信念が、放つことばの根底を支えていることによって、信頼のできる教育が展開できると確信する。

第 1 章

これまでの英語学習指導

はじめに

　教師は勿論のこと、親であるならば、子どもが勉強でつまずき、自信を失ってしまうことを決して望んではいない。一つでも得意な科目を見つけてあげて、幸福な人生を送って欲しいと、誰もが願っていることと思う。

　幼い我が子を英語塾へ通わせる保護者の姿を、最近多く見かけるようになってきた。そしてついに、全ての国民が、小学校から英語を学ぶ時代となった。英語は初等義務教育課程に組み込まれ、聞く・話すことができるようになる、そして4技能（聞く・話す・読む・書く）をバランス良く定着させることが、教育の中心に据えられている。

　十年近くも英語を勉強してきて、聞く・話すことができない原因は、脈々と指導されてきた文法訳読法にあると痛烈に批判されて、厳しい攻撃にさらされている。時代錯誤も甚だしい構文解析は無意味で、即刻大学入学試験から排除せよ、と物議を醸している。

　一方、英語圏から直輸入された指導法の弊害も、報告され続けている。教師や生徒からは、日本人が英語の授業を、英語で行う意図が分からないと不満が上がっている。「コミュニケーションを志向」する、混沌とした30年が経過しようとしているが、いっこうに聞く・話す・書くことができない。結局のところ、なにも変わっていないのではないか、との批判の嵐は吹き止まない。では、英語教育に携わる者は、頼りとする所をどこに定め、どのように学習指導を進めていけば良いのであろうか。

　「英語を身につけよう」と言うことはたやすいが、最終的な到達点を設定することは非常に難しい。どのような状態に至れば、ことばとしての英語が定着したことになるのであろうか。「母語話者を目指す」とは、如何なる母語話者を想定しているのか。「コミュニケーションを志向する」とは、誰と、どこで、どのような内容を共有したいのか。もっと素朴な問いは、「コミュニケーション」とは、いったいなにを指すのか。

　外国語学習を考える上で、目的と目標を明確にしておく必要がある。なぜ何のために英語を学ぶのか（目的）、段階的にどのような英語力を培うか

（目標）を、考慮することから始めなければならない。

　この章では、日本で考案された文法訳読法と構文解析技術、英語圏由来の技能学習指導法（CLT）について客観的に検討し、日本人教師による日本人学習者のための、学習指導の要件について考察してみたい。

1.　文法訳読法と構文解析技術

　日本語母語話者が、現代日本語以外のことばに対して、訳しながら理解を進めていこうとすることは、ごく普通の脳の動きである。この自然な脳機能を強化する学習指導法が訳読法である。古語、外国語を問わず、母語として習得していることばへ置き換えていくことで、内容理解を進めていく。訳読を否定することは、脳の働きにあらがうことになるが、いったいどこが問題で、これほどまで辛辣に非難されなければならないのか。

1.1.　文法訳読法で可能になること

　日本には、漢文や古文を読み下すための訳読法が、伝統として根付いている。いにしえの文学を深く味わうために、先人たちによって洗練されてきた手法である。これは、漢文や古文を、当代語に置き換えていくことによって逐次訳をし、内容を正しく理解した上で、鑑賞することを目的としている。そのためには、古語を単語レベルで現代語に変換して、句や文を文法規則に基づいて、正確に訳すことが必要となる。つまり、単語と文法規則が基本的な道具立てであり、これらを網羅的に定着させることが、教養人としての熟達への道となってきた。

　この方法を、外国語へと適用したものが文法訳読法である。外国語の文章を理解するために、単語の意味を調べて、文法規則で正しい解釈を担保していく。そのための学習教材が単語帳と文法ドリル、試験対象の単語テスト、規則の暗記が常用される。日本人とっては、とても馴染み深い学習指導法なのである。さらに上級段階になると、学術や文芸などで頻繁に書かれる、数行にわたる複雑な構造の長文に対応する方法として、構文解析技術が導入さ

れ、読解を支えてきた。

　伝統に裏打ちされた文法訳読法は、完成度が極めて高く、学習指導法が確立し、正誤判断に基づく評価が比較的容易である。担当教師間の成果のばらつきが少なく、大人数の学習者を一斉に指導することができる。学習者自身でも、個別学習をすることが可能である。そのため文法訳読法は、まさに心強い味方であり、日本人は絶対的な信頼を寄せてきた。この方法に習熟して、外国語の文章が確実に読めるようになることは、学習者にとって大きな進歩ではないか。

　この誇るべき純国産の文法訳読法が、心ない批判にさらされて、危機に瀕している。この方法は、学習者も教師も納得の上で、安心して使いこなすことができるのに、いったいどこに問題が潜んでいるのであろうか。違和感がなく、正解が示される点では、完璧とも思われる文法訳読法を打ち捨てて、私たち日本人が、探し求めているものはなにか。

1.2.　文法訳読法では実現できないこと

　文法訳読法は、目標言語の文章を、母語に置き換えながら理解するための方法である。しかし、この方法によって、聞く、話す、書くことは不可能である。想像してみて欲しい。文法訳読法を携えて時空を超え、項羽と劉邦、清少納言や平清盛の発話を理解して、かれらのことばで話すこと、正確な漢文や古文を、さらさらと書き記すことはできるのであろうか。

　文法訳読法に、技能学習指導法を求めることは、全くの的を外した望みである。これは、運用能力育成を目的とはしておらず、古語や外国語を母語に置き換えて、正確に解釈していくために生み出された手段であり、先人から引き継がれた解読の知恵である。外国語で、聞く・話す・書くことを必要とするならば、全く新しい別の方法論を考案するべきことではないか。

　日本語と同じように、英語を使いたいと希望に燃えた生徒の中には、際限なく繰り返される単語テストと文法ドリル、訳の作業に辟易して、異国への興味も、努力しようとする意欲も失ってしまう。かれらは必ず不平不満を、こう訴える。「どんなに英語を勉強しても、聞く・話す・書くことが、全然

できるようにならない。」教師、ひいては英語教育への信頼が失墜し、英語嫌いが続出する。

その大きな原因は、コミュニケーションのための学習を掲げていながら、未だ読むための方法に依拠しているからである。単語帳と単語テストの効能は、文中に現れた英語の意味が、単語レベルで瞬時に日本語に置き換わること、文法ドリルの意義は、分析的に文が訳せることである。しかし、脳は訳しながら聞いているわけではないし、訳読は日本語から英語の方向へは機能しない。このままでは、何年英語を学ぼうとも、聞く・話す・書く力の育成を図ることは難しい。目標とする能力育成に対して、教育方法論を誤り続けている当然の結末である。

1.3. 構文解析技術の効能

ここで、構文解析技術について述べておきたい。構文解析技術は、悪名高き東大英語、京大英語と揶揄され、教育関係者からは、あたかも志願者選別のための奇問との批判がある。

しかし、構文解析技術は、学術、文芸、政治、経済などの分野で書かれた、何行にもわたる長文を、高速で正確に解釈するための最善の方法である。英語母語話者の、目の動き（眼球運動）と理解方策を、文体に即して順序立てて解説したものである。複雑な構造の文を、どのように理解していけば正確に解釈できるのか、その過程を順序立てて詳しく説明する意味で、文法訳読法とは異なっている。

構文解析技術を修得していない場合、目にとまった内容語から意味を類推して、あやふやな文章解釈を行うことになる。正確に読むことができなければ、確信が持てないばかりか、こうした長文を書くことは困難である。短文を羅列した稚拙な文章を作成して、表現や文体の格調が求められる国際的な場面で、大きな失態を演じ誤解を招く結果となる。

学習者が、こうした文章を読み書きする進路を選ばない場合は、構文解析技術に時間を割くよりも、他の活動を充実させることが有効である。しかし、官僚や研究者をはじめとして、大学院レベル、あるいは高度な英語を運

用して、国際社会に貢献する進路を選択する学習者にとっては、構文解析技術は必須の学習対象である。その定着度を確認する一つの方法として、大学側は入学試験などで、日本語訳を活用しているに過ぎない。

　構文解析技術が完全に定着した学習者は、複雑な文に遭遇すると、逐語訳をしなくても英語の語順で構文を処理して、正確に解釈をしていくことができる。英語母語話者と同等の眼球運動をしながら、速読・即解が可能となっている。「速読」と称して、安易に単語の意味から文を推測する、不確実な読み方が推奨されている。この読み方は、解釈の正確さが全く担保されてはおらず、単語や句の配列順序規則（語順と構文）で成立する、構造言語としての英語に対する理解方式とは、ほど遠い。

　高校三年生が挑む読解素材中には、構文解析技術によって明確に説明しなければ、生徒は納得できない文が散見される。そのため、高等学校英語科教員志望者は、構文解析技術を熟知しておくことが望ましい。文を対象として、説明を加えながら訳す作業は、英語母語話者教師には困難であり、日本人英語教師の役割である。生徒が質問した文に対して、説得力を持って分析的に解説することができなければ、たとえ流暢に英語で授業を進めていようとも、教師自身の読解技術が完成していないことを意味している。指導の助けとなる構文解析技術に関する名著は、流通していることと思う。

　以下が代表的な構文解析技術である。

```
・動詞を探す（動詞を核として、前後のまとまりと構造をつかむ）
・修飾表現のまとまりと境界、修飾対象の語句を正しく把握する
・関係節、類似関係節（分詞）、後置修飾
・that 節、what 節　　　・従属節のまとまり
・同格、挿入句の処理　　・並列構造　　　・倒置形
・不定詞の機能の理解　　・比較級の構文を含む構造
```

　日本の先学たちが、厳格な姿勢で真剣に英文と取り組み、格闘した末に見いだした構文解析技術は、無意味な受験英語などでは決してないことを、良

識ある人々はその本質を理解していることと思う。そして、国際化時代に、世界の最先端で活躍していく学習者が、最後に身につけるべきことは、そうした格式のある高尚な文を、自ら自在に書くことができる技量である。これは、大学英語教育で鍛錬されるべき、最も高度な表出技能である。

この節では、英語の文章を読み進めていくに当たって、二つの方法があることを概観してきた。中級段階で学習する文法訳読法によって、一文ずつ日本語に置き換えて逐語訳していく方法と、上級段階で訓練する構文解析技術を駆使しながら、英語から直接意味を正確に抽出していく方法である。特に後者は、内容語だけを拾って、表面的に漠然と推測する弱々しい読み方ではなく、構造・構文を正しく処理しながら、完全な意味解釈を行う点に注意しなければならない。

表 1-1　文法訳読法と構文解析技術

	文法訳読法	構文解析技術
目的	単語レベルで、意識的に訳していく操作による、文の分析的理解	解析技術の体得、自動化による、文章の正確な速読・即解
指導根拠	言語記述・言語分析のための文法	言語理解・言語表出のための文法
脳内処理	母語以外の言語処理（古文を含む）意識的な翻訳	英語母語話者の言語処理方式 自動翻訳
学習方法	単語帳と文法規則ドリル	長文の正確な解釈訓練
学習段階	中級段階	中級段階後半から上級段階

前述のとおり人間の脳は、外国語が耳や目から入ると、母語に置き換えようとする。文法訳読法は、この脳機能をさらに強化して、言語入力直後に訳す習慣を形成していく。しかし、こうした方策は脳への負荷が高すぎて、まとまりのある文章の聴解に転移させると処理が困難となる。文献講読でも、疲労が蓄積して散漫となり、すぐに思考処理は停止してしまう。

一方、熟達した英語使用者は、耳で聞いたニュースやラジオドラマ、読ん

だ新聞や小説の内容を、日本語で要約して説明することができる。つまり、意識的に一文ずつ訳す操作を経ることなく、いつの間にか英語で入った情報内容が、日本語へ変換されている。創成された「脳内の翻訳機」が自動的に作動して、無意識に言語変換が行われるのである。聴解では、音声連続体を円滑に意味変換していく能力、長文解釈では、英語母語話者のように自動化した構文解析技術が、高速でこの過程を支えている。

1.4. 文字列の音声化

　文法訳読法において、古文、漢文、そして外国語であっても、文字で書かれた文章を、現代語に訳しながら読み進めていく作業は同じである。ある程度の速度で読むためには、少なくとも音読の速さは必要となる。音読は、文字列を音声化して発声する行為であり、通常、外国語であっても、日本語の音声体系を代用しながら発音していくことが一般的であった。録音再生技術が未発達な時代でも、音読をとおした読解の学習指導は行われてきた。読解を支えていくものは音声であるが、母語の音声で代用する読み上げ方法でも、一定の速度で読み進めていくことは可能であり、常用されている。

　こうした、常識として習慣化している、文字が先行する外国語の学習指導方法は、本来の自然な言語習得の方式には逆行している。言語の本質は音声であり、人間は無意識に音声から言語を習得して、後天的に文字を学び始める。一方、外国語学習では、初めて目にする形状の文字列を認識しながら、新しい音声と意味を同時に学ぶ。無理なく脳が、新奇の文字、音声、意味を一度に扱うことができるのは、認知発達が完了する15歳以降であるため、小学生や中学校一年生は、文字認識の困難性に直面することとなる。

　音声基盤が脆弱な状態を克服するために、「文字列の音韻化」を強化する手法として、音読やシャドーイングが推奨されている。これは、文字先行の学習指導が及ぼした、読むことへの困難性を解決するための方策である。本来は、音声先行によって「音韻の視覚化」として、文字を学習することが人間の言語習得上、自然な姿である。今後は、音声先行の教育によって、文字認識の課題は解決されていくと思われる（第2章3.、第6章2.参照）。

2.　直輸入された技能学習指導法

　伝統的な外国語教育では、学校で長期間にわたって「読み方」に特化して学んできたことになる。では、ことばとして外国語を運用したい場合は、如何なる学習指導法が求められるのであろうか。

　英語を、意思疎通の手段として用いる必要性が高まり、「使える英語」の学習指導が、海外へ進出する産業界などから強く求められた。こうした声に応えるために、カタカナ・横文字表記の「コミュニカティブ・ランゲージ・ティーチング」（CLT）が教育現場へ導入された。これは、漢字表記ができないことからも分かるように、外国由来の学習指導法である。

　CLT の、見落としてはならない重要な観点は、目標言語圏において、その母語話者が、指導に当たることを前提としている点である。

　たとえば、東京に来た留学生に日本人が日本語を、あるいは、ベルリンに住む移民たちにドイツ人がドイツ語を、母語話者たちが自国の環境で、外国人に対して、自分の母語を指導するための方法である。

　この指導法は、英語が国際的に使用されているため、英語圏の英語母語話者による手法が注目されたのである。英語を日常的に使用しない外国語環境である日本で、英語を母語としない日本人教師が、援用することを想定した指導法ではない。当然の帰結として、日本の風土や、日本の教育現場には適していない要素を複数含んでいることから、さまざまな問題が顕在化してくることとなった。

　CLT の重大な課題は、以下のようにまとめられる。

2.1.　言語環境の相違

　CLT は、生活言語圏で発達した学習指導法である。英語圏においては、生活のためのことばとして、日常的に英語を用いることが普通である。学習者は、日々の暮らしをとおして、英語の音声に絶えずふれ、発話する機会も多い。生活を送る中で、さまざまな表現形式に音と文字で接触し、自ら話し、読み書きも必要な状況や場面が頻繁におとずれる。

一方、日本では、曜時限が限られており、授業中も日本語による説明など
があって、英語は予習復習で多少見聞きするくらいで、僅かにふれる程度で
ある。英語は公用語でもなく、英語圏と比較すると、接触量や接触頻度は大
幅に少ないことが現実である。果たして、生活言語圏で活用するための、日
常的な言語接触を前提とした教育方法論によって、読解素材から抽出した語
法を学習指導することが、日本人学習者にとって、どのような意義を持つの
であろうか。

　また、アメリカやイギリスなどの英語圏で暮らすために必要となる、「生
きた英語」を盛り込んだ教材で学習指導を試みると、「私は外国に行きませ
ん」と、たちまち生徒たちは抵抗を始める。学習者にとって、英語は異国の
ことばであり、英語圏で頻繁に使用される表現形式を日本で学ぶことは、現
実からかけ離れていると感じるのである。外国で滞りなく生活することを、
目標・目的とした英語指導の在り方に対して、違和感を覚える学習者や教師
は少なくない。

　目標言語圏では、いつということを知らぬ間に、音声連続体として、多数
の表現形式を獲得しているので、単語構成と文法機能に注意・注目をする必
要が出てくる（consciousness raising; awareness; noticing; focus on form）（第
2章2.2.参照）。しかし、日本では、文字で書かれた単語、句、文を系統立
てて学んでいくため、こうしたCLTによる学習指導は意味を成さない。

2.2.　教師が持つ言語知識の違い

　CLTを使いこなすことが難しい決定的な要因は、指導に当たる日本人英
語教師が、英語母語話者ではないことである。拙著『外国語はどこに記憶さ
れるのか』で詳しく論じたとおり、母語話者と外国語学習者とでは、ことば
の記憶や活性化の方式が大きく異なっている。母語話者は、自分が習得して
いることばの誤りや不適切さに対して、直感的に反応して、正しく的確な用
法や用例を、瞬時に複数通り提供することが可能である。

　たとえば、日本で学ぶ留学生の発話や作文の間違いに日本人は、その場で
自然な文に訂正することができる。しかし、なぜそのように正したのか、そ

の理由を文法的に説明することは難しい。「そのようには言わないから」「こちらの使い方が自然だから」といった回答になる。

　英語を外国語として会得した教師は、誤りを説明するための文法用語を持ち合わせている。「前置詞の後は動名詞」「普通名詞には冠詞を付ける」などと説明することはできる。しかし、自らの冠詞の使い方一つを取ってみても母語話者同等か、三人称・単数・現在形は落としていないか、正しい文を話したり書いたりできるのかなど、感覚的に適切な用例を示すことは、ほぼ不可能に近く非常に不安である。教師自身が学び得た知識の範囲内で、対処することになる。

　そのため、母語話者によって開発、提案された手法は、直感や感覚に依存している部分が多くあり、非母語話者には援用が難しくなる。発話や作文の指導では、的確な用法や用例を豊富に教示できること、聴解や読解では、学習者は説明されなくても、対象を理解できていることが前提となっているからである。

表1–2　母語話者と非母語話者の言語知識の相違

	母語の言語知識	外国語の言語知識
言語処理基盤	無意識の自動処理	表面的な形式の操作
音声処理	感覚による固有受容	意識的な音韻調整
語彙知識	心的辞書	単語帳などのリスト
文法知識	理解・表出の文法（普遍文法）	記述・分析の文法（学校文法）
言語刺激への反応	意識的調整はできない 自動的	反復・練習、熟達と高速化
年齢要因	認知発達の影響	個人差と加齢による減退
活性化する脳内部位	小脳、線条体、大脳基底核、傍シルビウス裂皮質領域	海馬系、海馬傍回、側頭葉内側、前帯状領域

　そうであっても、CLTに依存していくためには、非母語話者教師には母語話者同等の英語力を求められるが、脳科学から見ても無謀な教授法である

ことは明らかである。実現困難な要請で、教師の負担が増大して疲弊させるばかりか、教師が生成する不確実な英語に、さらされ続ける学習者への影響は計り知れない。アメリカやイギリスで、英語母語話者によって提案された英語圏の指導法を、日本へ安直に紹介され、教育現場の混乱は如何ばかりかと気掛かりである。

2.3.　理論基盤の変遷

　外国語教育学では、学習者を取り巻く環境、学習者の年齢、学習者の母語を、十分に考慮する重要性が伝統的に確認されてきた。その上で、社会・文化的側面、発達段階、公用語の状況などをふまえた学習指導の在り方を、言語学、心理学、教育学理論に基づいて論考してきた（第3章2.参照）。このように、学習者の内部と外部を熟慮して、十全に備えた教育を施すことが、原理原則であることを忘れてはならない。

2.3.1.　伝統的な外国語教育理論

　日本の言語環境については、本章2.1.で述べたとおりである。年齢要因に関しては、小学校に英語が導入されたため、慎重に検討を重ねる必要があり、本書の中では随所で扱うこととする。母語については、言語学に基づく干渉・転移の研究がある。

　以下のとおり、日本語の音声・文法・意味、近年の研究では、文字とつづり、運用面などが、英語学習過程に多様な影響を及ぼすと確認されている。

表1–3　干渉・転移の具体例

〈音声〉

	日本語	英語
分化（*母語では二つ以上の可能性がある*）	計、刑、系、軽、形など同音異義語は多数	/kei/（Kay）
合体（*母語では一つしかない*）	ラ	la, ra

		th
新概念（母語では存在しない）		th
欠如（目標言語では存在しない）	フ［Φu］	厳密には［hu］や［fu］とは異なる

〈文法〉

	日本語	英語
分化（母語では二つ以上の可能性がある）	1<u>つ</u>、1<u>個</u>、1<u>人</u>、1<u>本</u>、1<u>匹</u>などの数え方の単位	one
合体（母語では一つしかない）	いない	am/is/are not
新概念（母語では存在しない）		名詞の単数形・複数形
欠如（目標言語では存在しない）	国文法の動詞の活用	

〈意味〉

	日本語	英語
分化（母語では二つ以上の可能性がある）	銀行、土手	bank
合体（母語では1つしかない）	見る	gape, gaze, glare, glimpse, leer, look, ogle, peer, see, stare, watch
新概念（母語では存在しない）	弧を描く動き	swing
欠如（目標言語では存在しない）	侘寂	

2.3.2. 第二言語習得理論の脆弱性

　CLT の研究報告は、目標言語圏で日常言語として学習することを目的とした、語学学校からのものが多い。英語圏の語学学校に在籍している学生は、すでに数年間、祖国で英語を学んでいる多国籍の留学生たちである。祖国の環境、母語、既習の語彙・文法と技能、経験した学習指導法が異なる留学生を、調査対象として同一に並べて効率や効果を検証してみても、英語圏以外への示唆は乏しいものと思われる。

　統計処理などを施して一般性を主張するが、最重要である学習者一人一人の学習履歴などの情報が不足していて、科学研究としての前提条件が全く満たされてはおらず、致命的な報告内容である。こうした報告に、日本の英語教育を支えるべき堅固な示唆を、どこに見いだし、学習者を託すことができるのであろうか。

　さらに CLT 研究では、小学生、中学生、高校生といった、段階や年齢が異なる学習者集団を個別の対象として、繊細に調査した報告は極めて少なく、子どもに対する CLT は曖昧模糊となっている。小学校英語教育に向けた資料を探してみても、参考となる成果は皆無に等しい。

　英米では、バイリンガリズム研究は盛んであるが、英語圏で育つ移民の子どもたちに対する言語教育と比較すると、日本の環境は全然異なっている。バイリンガルの多くは、複数の言語を乳児期、あるいは、幼年期から母語として習得していく。そのため、母語習得が完了した後の外国語学習とは、言語習得の脳内メカニズムは同一ではない。小学校英語教育では、バイリンガリズム研究を根拠とした言説が増えつつあるが、再び教育現場に混乱をもたらす恐れがあるため、教育関係者には、見識ある提案を望んでいる（第 5 章7.3. 参照）。

　CLT のカリキュラム設計に必要な、文法学習順序や語彙の汎用性などの基礎研究は、母語話者の言語知識や、言語習得を説明する生成文法（普遍文法）や認知文法の一側面を、統制されていない学習者で調査したものである。CLT の学術根拠は、第二言語習得理論であるため、日本に導入する際には、複眼的な考察と大幅な改変が必須要件ではないか。

英語母語話者が指導する英語圏の語学学校で、多国籍の留学生などに教授する学習指導法を、日本人教師が日本の児童・生徒に対して、責任を持って活用することができるのであろうか。教師自身の自信や不安感と、学習者への影響を客観的に思案した結果、CLTによる授業実践を、選択しない判断をする学校も少なくはなかった。

　「国際的な学問領域」である第二言語習得理論は、目標言語圏（英語圏）で多国籍の学習者を調査することを求め、極東からの研究報告は過小評価される傾向がある。

　たとえば、中国や韓国で実施された研究を参照するにしても、中国語や韓国語の特徴、学習者と学習環境についての正確な記述がなければ、その結果を、日本の教育体制下で参考にすることは不適切であろう。

　第二言語習得理論の特徴は、学習者に光を当てたことであるが、あまりにも大雑把で茫漠としていて科学的ではなく、結論だけが援用されている印象を拭い去れない。そのため、第二言語習得理論に立脚したCLTに対しては、慎重とならざるを得ないゆえんである。

2.3.3.　日本の学界の現状

　日本で展開するCLTが、確固たる日本の学術研究に支えられていないこと、ここに根本的な問題がある。欧米に対して無批判に追従する姿勢は、まさに「思考力・判断力・表現力」の弱さを露呈していると言わざるを得ない。教授法の、使用方法や結論だけを抜粋して紹介するのではなく、教育方法論が結論に至るまでの過程を、科学的観点から正視していくことが、英語教育へ導入する上での責任ではないかと考える。

　近年、日本の教育現場を精緻に検証するために、科学研究費補助金などによる調査研究が活発化していることは、非常に画期的なことである。日本人英語学習者が、学校教育課程において、どのように理解と表出の能力を獲得していくかは、教育の根幹を成す実証研究と思われる。実態を正しく観察記述し、客観的な説明を加えていくことが、これからの新しい英語教育の道筋を照らしていくことになる。

本来、外国語教育学は、目標言語圏で母語話者が考案する第二言語習得ではなく、外国語環境下で構築され、その知見の普及が図られるべき分野である。英語教育学についても、日本独自の教授学習理論を国際的に発信し、英語母語話者が、日本でその理論と実践を学ぶ国際化の時代は、すでに到来している。

3. 従来の英語教育を概括する

日本の英語教育では、第二次世界大戦後から一貫して、4技能の学習指導を、高次の目的と目標に掲げてきた。

・英語の音声に慣れ、聞くおよび話す能力の基礎を養う。
・英語の語法に慣れ、読む能力および書く能力の基礎を養う。
・異文化理解を図ること。

しかし実際には、4技能が等しく指導されることはなく、音声指導は付随的な位置付けで扱われ、書く能力育成も不十分であった。結局、語法（語彙と文法）の暗記と、訳読に大部分の学習指導時間を当ててきたため、学習指導要領で掲げられた目的・目標と、かけ離れた路線を走り続けてきたことになる。入学試験でも、英語コミュニケーション能力ではなく、語法の暗記量と訳の点数で選抜を実施してきたため、英語運用能力育成のための変革は、なにも起こらず、変わることなく現在に至っている。

この章では、日本の学校英語教育が、これまでに歩んできた道のりを概観した。技能指導の遅滞は、伝統的な文法訳読法と構文解析技術とともにあるべき、我が国独自の技能学習指導理論が提唱されていないことが、根源的な課題であることを指摘してきた。

それでは、日本人教師による、日本人学習者のための技能学習指導理論を、私たちの手で構築していこうではないか。

表 1–4　日本の英語学習指導の概要

	伝統的な外国語教育	近年の英語教育
目的	正確な翻訳を目的（訳した母語に基づく理解）	意思疎通を目的（英語を運用してコミュニケーションを行う）
教授法	文法訳読法	コミュニカティブ・ランゲージ・ティーチング（CLT）
教育観	正確さと個人の達成（結果重視）	相互作用と協調・協働（過程重視）
能力	解析能力（分析的思考）	方策能力（問題解決）
授業目標	知識の定着度（正解と誤答）、規律と統制、理解速度、効率性	課題探究（思考過程の明確化）主張と説得、交渉能力
授業内容	文法規則と単語、母語への変換	場面、文脈、状況の中で体得
授業方法	説明と練習問題（規則、単語、訳、構文解析技術）	具体的経験（表現形式の定着）
授業形態	教師中心の講義、一斉授業、教師による知識提供	学習者中心の活動、グループ学習、学習者による模索と発見
学習方法	単語帳、文法規則集、暗記	活動、理解・表出体験
能力測定	検定試験や入学試験など	PISA, CEFR などの国際規準
教育制度	アジア（日本）	アメリカ、ヨーロッパ

第 2 章
これからの英語学習指導

はじめに

　英語教育界では、先人が考案した我が国独自の文法訳読法と、構文解析技術が、確固たる地位を築いてきた。日本人英語教師の多くは、訳読を中心とした学習経験を持ち、これに基づく指導技術を会得している。しかし、技能と、それを支える語彙・文法は未熟で、技能を中心とした指導の導入に対して、抵抗感や焦燥感を抱いている教師が多く見られる。

　さらに、高等学校の中には、入学試験合格を英語学習の目的に掲げて、生徒を動機付ける結果、「入学試験に出題されない」技能の学習指導を、軽視、あるいは後回しにする風潮が、教育の現場に根強く残ってきた。4技能の学習を「軽薄なおしゃべり技術の訓練」と揶揄する独断と偏見は、英語教育の著しい後退要因となる。人間言語の根本的な機能を学ばずして、何のための英語教育なのであろうか。

　そして、技能学習指導が行き詰まるたびに、文法訳読に回帰する軽佻浮薄な動きが噴出する。「日本では聞く・話す必要はない」「英語は、読めればそれで良い」「4技能の指導は、所詮無理である」「日本人英語のなにが悪い」といった、学習者の学ぶ機会を、なおざりにした傲慢な姿勢は、日本人のための技能学習指導理論が、存在していないことに起因している。「コミュニケーションを志向する」ことを、30年近くにわたって掲げながら、技能を段階的に学習指導するための精緻な教授学習理論は、管見の限り構築されてはいない。

　CLTを推進する英語教育界では、文法訳読法で英語を学んできた日本人教師に対して、「英語母語話者同等の発話能力を身につける」などと、脳機能に反した達成不可能な無理難題が要求されてきた。そのため、教師は疲弊して自信を喪失し、ある者は病に倒れ、また、ある者は背を向けて、学習者が甚大な影響や、被害を被ることになる。

　日本で展開していく技能学習指導では、日本人教師で対応できる部分と、英語母語話者教師（それに相当する人工知能）に任せるべき部分とがあり、明確な役割分担が必要である。日本人教師が違和感なく技能を指導すること

ができてこそ、児童・生徒の聞く・話す・書く能力は育成されていく。

　日本の教育環境を考慮に入れた、技能学習指導法が備えるべき要件とは何であろうか。以下では、日本国内で展開していくために、最も重要と考えられる観点を示したい。

1.　どのように語彙・文法と技能は関係しているのか

　文法訳読法では、読み下す作業を円滑に進めていくために、単語と文法の知識が不可欠である。文章中の単語の意味が分かれば、日本語に置き換え、語順を基にして文法が分かれば、文を正しく訳すことができる。つまり、単語と文法規則の学習が指導の中央に据えられ、授業では単語テストと文法ドリルが繰り返されてきた。

　こうした手法は、英語から日本語へ向かう理解方式では有効である。しかし、日本語から英語への表出では実行不可能なことに、英作文の授業をとおして気付いている学習者も多いことであろう。単語を文法規則に挿入しても、不自然な文ができてしまい、それを正すための規則を、さらに覚えなければならない。このように、英語を話す・書くことには対応できない学習指導法に、依存し続けている現状にある。

　また、単語や文法規則を覚えているのに、話したり書いたりすることができない、との不満や疑問が多く寄せられる。その原因は、これらの知識が、実際の言語使用では円滑に活性化できない状態で、脳内に知識体系として保存されているためである。記憶された知識は、読解素材の文章中で目にした単語と文法形式に反応して、ある程度の時間をかけながら、意識的に日本語へ訳していくための道具立てである。円滑に聞く・話す・書くことを支えていく、高速化・自動化された知識には、なっていないのである。

　英語を運用するためには、語彙と文法（言語知識）を、聞く・話す・読む・書くこと（言語技能）をとおして、定着させることが不可避である。そして、安定的なことばの運用を支えるのは、技能学習の中で身についた語彙と文法の能力である。つまり、言語知識と言語技能は、不可分で相補関係に

あり、その根底には音声が存在している（第3章1.2.参照）。

　運用能力を育成するためには、従来のように、単語と文法だけを切り離して学習するのではなく、必ず技能をとおして学習指導をしなければならない。聞く・読むときに活性化される言語知識（受容語彙）と、話す・書くときに活用する言語知識（発表語彙）は異なっている。これらは、脳機能においても、別の部位が制御していることから、「読解の成果として、発話や作文の能力が獲得される」ことは、決して望めない。

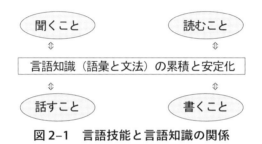

図2-1　言語技能と言語知識の関係

　最近、ネットワーク上で見つけてきた、外国語の音声を漫然と流して、意味が分からないまま、定型表現をうわべだけ模倣させたり、外国人との意図を伴わない会話を、言語活動と称している中学校があると聞く。こうした在り方は、ことばを定着させずに、技能だけを分離して一人歩きさせ、語彙と文法の知識を伴わない実践であり片手落ちである。語彙・文法と技能は、密接な関係を持っていて、別々に分けて指導することは不適切であり、ことばの力にはならないことを、教育関係者は肝に銘じて欲しい。

2.　運用能力育成に向けた語彙・文法の位置付け

　この節では、運用能力育成の観点から、語彙と文法についての考え方を概説しておきたい。慣れ親しんだ「単語＋文法」の発想を転換し、表現形式を技能と連動させることを提案している。これは、話す・書くための大きな一歩となるであろう。

2.1. 語彙力と単語帳・単語テスト

　語彙は、表現形式を構成することから、単語一語ではなく、連続体として脳内に記憶されている。単語間には、相性の良い組み合わせがあり、形容詞と名詞、副詞と動詞、名詞と動詞、前置詞句や句動詞といった、自然な用法が存在する。単語まで切り刻んで細分化した場合、どのように使用すれば良いのかが、全く見えなくなってしまう。冠詞の種類と用法、複数形はあるのか、構文や用例など、重要な情報が切り落とされてしまうためである。

　単語帳は、英文中の単語を母語に置き換える、文法訳読のための教具であり、運用能力育成は目的としていない点に注意されたい。運用能力は、覚えた単語数ではなく、定着した用法・用例の量と質であり、単語テストの成果として、どのような英語運用能力が定着するのかは判然としない。

2.1.1. 語彙の学習経験

　中級段階以降の単語テストは、学習者に与える緊張とストレスの割には、英語力向上には寄与しない。暗記や短期集中で語彙力を高めることは困難であり、その理由は、以下の忘却曲線に示されているとおり、テスト直後から記憶対象は忘却して、消滅していくためである。

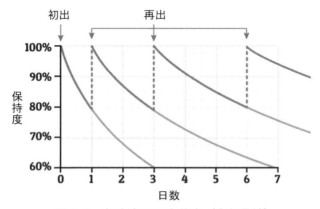

図 2-2　新奇事項の定着度（忘却曲線）

したがって、基本的な表現形式が身についた中級段階以降では、生徒に過重な負担がかかる単語テストの時間は、読解や聴解素材を用いた活動、さらには、4技能をとおした学習に振り替えたほうが、限られた時間を有効に活用することができる。語彙の定着には、接触頻度と接触量が重要であり、時間をおいて、さまざまな場面、文脈、状況の中で、再出させていく分散練習が大切である（第3章3.1.参照）。

語彙学習には即効性がなく、定着を自覚する機会は少ない。無意識のうちに身につく言語知識であり、分からなければ、その都度調べていくと偶発的に習得して、いつの間にか記憶されている。生徒に興味や関心があれば、同じ一冊の単語帳を用いて、4月に知っている語と知らない語を確認し、半年後、1年後にどれだけ新しい語が加わり、忘れた単語があるのかを見直して、意欲を高める契機となるかもしれない。自分が現在持っている英語力は、単語帳の暗記成果ではないことが、よく分かる活動である。

学術研究によれば、外国語の語彙を学習していく過程は、次のとおりである。語彙学習のきっかけが、「単語帳で新出語彙にふれる」ではないことに注意して欲しい。

① **読解や聴解で新出語彙にふれる**
読解素材（教科書、雑誌、新聞、書籍など）や、音声素材（教材、洋楽、テレビ、ラジオ、映画など）をとおして、語彙が持つ役割や機能（用法・用例）を認識する。

② **視覚的・音声的イメージを形成する**
つづりと発音に注意を向ける。語彙は、視覚イメージと聴覚イメージによって脳内に整理されるため、語彙を定着させていくためには、つづりと発音がバランス良く記憶されていかなければならない。

③ **意味や使用方法を学習する**
・語とともに頻繁に使用される表現を、連語表現として学ぶ。

第2章　これからの英語学習指導　31

・類義語や反意語などを関係付け、言い換え方法や拡張法を知る。
・語の示す意味領域を、母語との対比から理解する。

④　**意味と形式の関係性を学習する**
・別個に学習してきた語彙を、類似する語彙として整理する。
・意味の場（互いに緊密な関係にある語の集まり）で整理する。
・文法的特徴を理解する。
・文章や会話で、語彙が使用される場面、文脈、状況を確認する。

⑤　**学習した語彙を必ず使用する**
・発話や作文などの表出活動をとおして、語彙を使用することにより、理解のための語彙（受容語彙）が、表出のための語彙（発表語彙）に変換され、脳内に貯蔵されていく。
・語彙は、使用することによって深く定着していく。
・このことからも分かるように、表出は日本語で考えてから訳していくのではなく、伝えたい意味内容を、英語の表現形式で生成していく過程であり、それを支える言語知識が発表語彙なのである。
・話す・書くことができない原因は、発表語彙の欠落、不足にある。学習者の多くは、日本語から英語にする単語帳方式では、発表語彙が獲得されないことを、経験から学んでいることと思う。

2.1.2.　受容語彙と発表語彙

　日本語は、擬声語や擬態語が発達したオノマトペ言語である一方、英語は、ニュアンスによって動詞や名詞を使い分ける特徴がある。いくつかを整理しておきたい。

　これらの単語を、読解素材中で見かけたときに、受容語彙としては辞書を引けば、何となく意味が分かる。しかし、以下のように一覧にして覚えたところで、自動詞・他動詞、適切な時制、進行や完了などの相、主語の特性といった情報がないため、用法・用例が分からず、運用能力を支える発表語彙

には変換されない。

　そのため、実際の場面、文脈、状況下で話したり、書いたりして学習する必要がある。発表語彙は、自らの口や手から表出することによって初めて獲得されるため、鏡に向かって話しかける、一日を英語で振り返って話す・書く（日記）、英文を用いたやり取り、英語村や英語サークルに加わる、といった方法が推奨されてきた。

● 日本語では「見る」
　・gape at：ぽかんと口を開けて見ている。
　・gaze at：長いこと見つめる（単語自体は中立的）。
　・glance at：ちらりと見る（自発的）。
　・glare at：睨みつける。
　・glimpse：ちらりと見える（自発的ではない）。
　・leer at; ogle at：女性を性的な目で見る。
　・look at：視界を向ける。
　・peer at：注意深く観察するように、じっと見る。
　・see：知覚する、認識する。自然と視界に入るような感覚。
　・stare at：凝視する。
　・watch：動いている対象に、自分から意識を向けて見る。

● 「歩く」amble, saunter, stroll, strut, swagger, traipse, trudge, walk
● 「思う」assume, believe, conceive, consider, expect, feel, guess, imagine,
　　　　　reckon, suppose, think
● 「買う」buy, get, purchase
● 「仕事」career, job, occupation, profession, task, vocation, work
● 「従う」accede, accept, comply, conform, follow, obey, submit, yield
● 「持つ」harbour, have, hold, own, possess

　最後に、語彙研究に基づく、受容語彙と発表語彙の言語知識の特徴につい

て、まとめておく。

〈**受容語彙知識**〉
・読解や聴解時に、表現形式に気付くことができる。
・接頭辞、語幹、接尾辞などに分割することができる。
・文字や音声から、意味を想起することができる。
・文脈中で的確に、意味を理解することができる。
・核となる中心的意味概念が分かる。
・関連する単語や表現を、想起することができる。
・文章中で正しく使用されているかを、判断することができる。
・連語表現や定型表現として、正しく把握することができる。
・使用場面や適切さを、的確に指摘することができる。

〈**発表語彙知識**〉
・正しい発音と強勢で、表出することができる。
・正しくつづることができる。
・正しい形式で的確な表現と共起させて、使用することができる。
・ふさわしい場面や文脈で、使うことができる。
・核となる意味を拡張して、適切な領域で用いることができる。
・類義語や反意語などで、言い換えて表現することができる。

2.2. 文法規則と用法・用例

　学校で指導が行われてきた文法は、言語現象の規則を文法用語によって説明するための手段である。指導対象や、学習者の誤りなどを解説するために、主語、前置詞、関係代名詞といった「英語を説明するための用語」を扱ってきた。このメタ言語知識は、指導対象である外国語を説明するためには、必要不可欠である。

　これらは、言語学者が考案した言語記述・言語分析のための文法である。この文法は、言語を規則に基づいて説明するものであるが、こうした規則か

ら言語が生成、運用されることは限定的であると、現代の言語処理理論では認識されている。

　円滑な聴解や読解、流暢な発話や文章執筆を支えているのは、自分の脳内に構築された、言語処理を支える言語理解・言語表出のための文法である。しかし残念ながら、その実態は解明されてはいない。長年にわたる研究で、徐々に明らかになっていることは、ある文法形式が自然に使用される場面、文脈、状況の中で、接触頻度を確保しつつ、累積的、螺旋状に用法・用例を具体的に学習することによって、その結果、脳内ネットワークが少しずつ形成されていくことである。

　この言語理解・言語表出のための文法を身につけていくことが、技能学習に求められる。そのためには、単語レベルにまで細分化することなく、音声連続体として、表現形式全体を体得していくことになる。

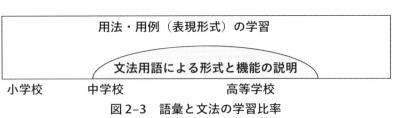

図2-3　語彙と文法の学習比率

　母語習得過程や、目標言語圏での第二言語習得では、日常的に表現形式にふれて意思疎通を行っている。こうした状況では、用法・用例が音声連続体として多数記憶されているので、文法機能と形式に対して意識に上らせて注意を払い、注目して気付く必要性が生じる。

　一方、日本の教育体制下では、中学校段階で一通り文法形式を網羅し、次に文法機能を理解して、高等学校段階以降では豊富な用法・用例を、技能をとおして身につけていく。英語圏で英語母語話者によって提供される、一般的な文法指導方式とは必然的に異なっており、直輸入された方法論（consciousness raising; awareness; noticing; focus on form）の整合性については、省察しなければならない。

第 2 章　これからの英語学習指導　35

表 2–1　日本と英語圏の文法学習指導

日本の文法学習順序	定型表現の学習 → 形式の網羅 → 機能の理解 → 用法・用例の体得
英語圏の文法指導	用法・用例の体得 → 機能の理解 → 形式への注意・注目

2.3.　新しい語彙・文法の学習指導教材

　語彙の位置付けは、文法規則に機械的に挿入される、副次的なものではなく、挨拶、説明、依頼、謝罪、提案、勧誘、苦情、尊敬、謙譲といった、言語機能を担う、表現形式を形作るものである。また、助動詞の過去形や仮定法といった文法規則を知っていても、適切な丁寧表現を表出できるかは疑問である。言語運用では、単語と文法規則は切り離されるべき対象ではなく、本来不可分で融合している。この点で、文法規則と文法用語解説が、羅列されているだけの参考書には限界が見られる。

表 2–2　運用能力育成に向けた語彙と文法

言語記述・言語分析のための文法	対象言語の説明に用いる
言語理解・言語表出のための文法	脳内言語処理で活性化する
受容語彙（理解系統）	聞く・読むための言語知識
発表語彙（表出系統）	話す・書くための言語知識

　運用能力育成の観点からは、文法形式の適切な使用を主眼に据えた教材が望ましい。これは、英語母語話者が、自然な用法・用例を、場面、文脈、状況下で整理して、コーパスで検証する過程が必要であるため、非母語話者には困難な作業である。今後は、人工知能を駆使して、そうした作業は可能となるであろう。

　たとえば、以下の教材が入手可能である。注目点は、文法形式が使用される自然な場面、文脈、状況を、的確な語彙とともに、技能をとおして学ぶこ

とである。こうした文法書は2009年に登場し、より良いものへと改訂が重ねられている。本書出版時点で入手できたものを紹介するが、英語圏を中心として今後登場してくる教育文法書は、文法形式の適切な使用方法を考慮して、4技能の中で学習する方向へ移行していくと思われる。

＊文法の使用方法を、箇条書きと例文で詳説した、普及している文法書である。練習問題は多少ドリル的で、文章による提示よりも文の羅列が目立ったが、改訂ごとに運用を意識して改善されてきている。
　中学校段階から高等学校段階で、文法形式の定着やメタ言語知識（文法用語）獲得に有効的である。
　　・Azar Grammar Series: 3レベル（Longman）
　　・Grammar in Use: イギリス英語、アメリカ英語、日本語訳がある。
　　（Cambridge University Press）
　　・Grammar in Context: 4レベル（Cengage）

＊最近登場した文法教科書で、文法形式が用いられる文脈や場面を、読解や聴解素材、会話・発話・作文練習として設定している。
　高等学校段階以降で、文法の機能を自然な文脈で、用法・用例として定着させることを意図して使用すると効果的である。教師を含めた英語非母語話者が、適切・正確・自然な使い方を学ぶことができる。
　　・Macmillan English Grammar in Context: 3レベル（Macmillan）
　　・Oxford Living Grammar: 3レベル（Oxford University Press）
　　・Grammar Explorer: 3レベル（Cengage）
　　・Elements of Success: 3レベル（Oxford University Press）
　　・Next Generation Grammar: 4レベル（Longman）

＊場面、文脈、状況の中での、表現能力育成を中心としている。語彙として文法をとらえる、「語彙中心の指導法」を本格的に展開する教科書。
　文法の用法を、具体的な運用（4技能）をとおして体得する。

高等学校段階以降に使用すると効果的である。

・Innovations; Outcomes; Perspectives: 4〜5 レベル（Cengage）

3. 技能学習指導の順序性

今後の英語教育では、統合技能（integrated skills）の学習指導が、重要な位置付けを占めてくる。統合技能とは、やり取り（聞いて話す）、読んだものを基にして話す、聞いた情報を検討して書くといった、聞く・話す・読む・書くことを臨機応変に行うことである。

ことばとしての英語を運用するためには、必要不可欠となる能力であるが、思い付きで無秩序に、複数の技能を組み合わせることは、避けなければならない。学習者が困難性に直面するばかりか、その原因究明を複雑にしてしまうからである。

3.1. 技能導入の全体像

言語習得理論によると、技能を獲得するためには、効果的かつ効率的な導入順序が存在する。中級段階以降は、聞く・話す・読む・書くことに、同等の時間配当を施す点に注意すべきである。

① 聞く活動をとおして、英語の音声特徴に慣れる。
② 一通り音声が聞き取れ、聞き分けができるようになった段階で、発音練習を始める。
③ 音を見える形にした文字を導入して、文字列に見慣れていく。
④ 会話によって聞く・話す活動を継続しながら、読む作業を取り入れる。
⑤ 書くことを学習する。
⑥ まとまりのある文章を、理解・表出する。

日本で広く行われてきた外国語学習指導は、文字列を認識しながら音声を学び、新しい単語と文法の知識を身につけて、意味を理解していくものであ

る。こうした指導は、15歳以降の生徒は問題なく対応可能であるが、それ以前の年齢域の学習者には適していない。認知発達途上の児童には、新しい文字・音・意味の同時処理は、極めて困難であるためである。

　人間の言語習得装置は、音声からの言語学習に対応するように仕組まれている。そのため、自然な順序性に逆行して、文字から学習を始めると、小学生や中学校一年生にとっては、つまずきを誘引する結果となる。英語の音声特徴を体得してから発音を身につけ、その後に文字で確認を行う。文字とつづり、発音記号などは、ある程度聞き取りと発音が安定してから導入することが肝要である。

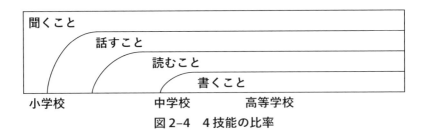

図 2-4　4 技能の比率

　認知科学に興味がある読者には、次のように説明することができる。入門期の学習者は、英語の音声を聞きながら、聴覚器官内の蝸牛の基底膜、有毛細胞で、さまざまな高さと音色の周波数に対応するための設定を行っている。その際には、日本語とは異なった知覚区分域を、聴覚器官に認識させていく。

　たとえば、日本語には母音が5つしかないが、英語は非常に細分化されて20程度ある。同時に、日本語には存在しない子音や、日本語と類似した子音を聞き分ける必要もある。聴覚器官の設定は、一度だけ聞いてできる場合と、何回か聞かなければ分からない場合がある。こうした一連の学習は、認知心理学では、作業記憶（ワーキング・メモリ）を構成する音韻ループの、設定作業と解釈されている。

　外国語を正確に発音するためには、自分の聴覚の鋭敏性を頼りにして、正

誤判断を下すことになるため、聞き分けができていない段階では、学習効果は得られないと言語病理学では考えられている。そのため、発音練習は、聴覚訓練を十分に行って、正しく聞き分けることが可能となってから、開始しなければならないのである。

　視覚や触覚による文字認識は、音声基盤が支えているので、音が先にあって、文字で視覚化や、点字で触覚化を行う。文字が先行すると、日本語の音声体系で読み上げていく、母語同一化音声処理の習慣が形成されやすいので、避けるべきであるとされている（第8章1.4.参照）。

3.2.　時間軸で整理した導入順序

　外国語環境下で、新しい言語に対応するための脳機能を創成するには、段階性（レディネス）を崩さないように、学習指導を進めていくことが、なによりも重要である。人間の認知機能に即した技能学習順序は、以下のとおりである。

　段階的な学習指導を時間軸に沿って進めていく。留意点として、①と②を同時に行ったり、突然③や④から始めたりすると、たちまち学習者の感覚運動器官と脳機能に混乱が生じ、円滑な学習過程が阻害されてしまう。特に教材・教具の開発には、細心の注意を促したい。

① 　【入門期】目標言語の音声を聞き、聴覚器官を整える（聞くこと）。
② 　【入門期】目標言語の音声を発音し、調音器官を整える（発音）。
③ 　【入門期から初級段階】句や文を中心としたやり取りを行う
　　　　　　　（話すこと）。
④ 　【入門期から初級段階】目標言語の文字体系を認識し、視覚器官を慣れさせる（文字とつづり）。
⑤ 　【初級段階】目標言語の文字連続を認識し、視覚器官を整える（読むこと）。
⑥ 　【初級段階】目標言語の文字体系を書くことに慣れ、自ら誤りに気付き修正する（書くこと）。

⑦ 【中級段階】まとまりのある文章を、音声や文字連続から理解する（文章解釈）。

⑧ 【中級段階から上級段階】まとまりのある文章を、音声や文字で円滑に表出する（発表）。

4. 日本の技能学習指導の拠り所

日本の教育環境下で、日本人英語教師によって展開することが可能な技能学習指導とは、どのようなものであろうか。これまでの検討結果を、以下の表にまとめておきたい。

表 2-3　技能学習指導法の比較

	英語圏の技能指導法	日本独自の技能指導法
指導に当たる教師	母語話者	日本人（非母語話者）
指導環境	生活言語圏	外国語圏
日常的な言語接触	常時	授業時の一部に限定
正誤判断	感覚・直感的	知識に依存
教師の言語能力	母語	努力によって保持
教師の個人差	方言や国語力の差異	語学力試験成績や経験
理論根拠	第二言語習得理論	外国語学習理論

この表からも分かるように、母語話者が目標言語環境で実行する手法は、非母語話者には援用が難しい部分がある。そして、日本の英語教育に対しては、短絡的な批判だけはされてきたが、この解決すべき点に十分配慮した、教授学習理論の体系は考案されてはこなかった。

そのため、学習者の成長過程に合わせた、一貫性のあるカリキュラム設計とシラバス・デザインの中に、さまざまな指導法・教授法を取り込み、折衷させながら最適化を図っていく必要がある。しかし、日本では、一つの教授

法、たとえば文法訳読法やCLTだけに依存して、学校教育課程全段階の教育を展開してきた。こうした教育方法論の硬直した様式に「教授法の歴史は失敗の連続である」根源的な問題が潜んでいる。

　今後、英語圏の英語母語話者たちが提唱する、新たな教授法を求めても、根本的な問題解決には至らない。我が国独自の、技能学習指導理論の構築こそが急務であり、科学技術の進歩は、この挑戦的責務を可能にすると確信している。

　たとえば、音声認識技術による聞き取り・発音学習、人工知能による語彙・文法や会話・作文学習、CALLによる表出練習、スカイプ、さらに全く新しい教具が、次々に登場すると期待される。

5.　運用能力を育む教材・教具

　日本の英語教育は、全ての教師が安心して間違いなく授業を展開し、確信を持って、成績評価ができるものでなければならない。しかし、脳機能の相違から、日本人教師が英語母語話者と同等に、児童・生徒が表出した英語に対して、正確さや適切さを直感的に正誤判断することは難しい。さらに、従来からの文法規則に単語を挿入する表出方法は、「創造的言語使用」ではなく、不自然で不適切な誤りを、大量生成する恐れが高い。

　そのため、技能学習指導を行うには、文化的に的確で、自然な表現形式から構成された、信頼できる教材が必要となる。教材で使用された表現形式を学習することによって、母語話者が用いる語彙と文法の知識を実体験として定着させていくものが理想である。言語活動では、英語圏での実際の言語運用に基づいた場面の設定と、表現形式の学習を行う。今後は、コーパスを人工知能で分析して、母語話者同等の能力を備えたシステムも整備され、仮想現実（VR）を駆使した状況の展開が可能となるであろう。

　こうした教材を使用することで、教師自身の英語力向上と、運用能力の維持にもつながっていく。教材で使われた表現形式を、聞く・話す・読む・書く活動をとおして、言語知識と言語技能を安定化させることが期待される。

日本独自の教材が充実するまでは、文脈化処理を施し、語彙を調整した上で、英語母語話者が提供する教材を、授業に適宜取り入れる。

練習・活動や試験対象は、技能学習をとおして学び得た語彙と文法の知識と、技能の定着度である。理解と表出の正確さ・円滑さが中心となる。表現面は教科書と教材、活動で用いた語彙と文法、技能面は学習した場面、文脈、状況に類似した運用状況を確認していけば良い。

教育実践において、「教科書は素材の一つに過ぎない」ため、教師がさまざまな補助教材を用意して、独自性を発揮する「教科書で教える」方式は、確かに魅力があって理想的かもしれない。しかし、教師への準備負担が膨大である上に、外国語を誤って使用する危うさも、考慮しなければならない。そのため、現実的な観点から、効果的かつ効率的な実践を保証する学習指導には、「教科書を教える」ことに耐え得る、信憑するに足る教科書の開発が急務である。採択に当たっては、学習者の英語力を培う礎となることを見極めなければならない。

興味深いことに、人間が使用する言語形式には一定の傾向があり、無限に生成されないことが分かっている。そのため、学習を重ねていけば、少しずつ表現形式を網羅していくことになる。人間言語には「応用」はなく、自然な言語として成立するか否かであり、その基準は母語話者が感覚的に作って、母語話者の間では共有されている。

つまり、究極的には、表現形式が正しいか誤っているかで判断を行うことができるため、近い将来、人工知能によって評価の基準が具現化していくものと思われる。

6. 今後の英語教育を展望する

この章では、日本での技能学習指導に向けた観点を整理してきた。学習指導の目的や目標が、全く異なる文法訳読法に対しては、カリキュラム上の位置付けを再考しなければならない。その上で、整合性が低い英語圏の第二言語教育の方式にも依存することのない、独自の技能学習指導を展開したいも

のである。

　教科は、内容教科と技能教科に分けられる。具体的には、社会科・理科のように、知識内容の学習を主とする内容教科と、音楽・美術・体育・生活科のように、実技中心の技能教科である。英語科は両方の教科にまたがっている、あるいは、技能教科に区分する立場もある。

　これまでは、英語という外国語の一つを対象にして、訳しながら読むことによって、語彙・文法、異文化の知識を学んできたので、内容教科に区分できた。現在は「技能の統合」を掲げていることから、技能教科の色彩が強まっている。

　技能教科の担当教員は、一通り指導対象の模範を示すことができなければならない。楽譜が書ける、彫刻刀が使える、四種目が泳げる、綺麗な針目の裁縫ができる。教師たちは、たとえ苦手な指導対象であっても、努力して授業を行っている。

　当然、英語科でも、技能を指導するためには、教師は今後、自らを鞭撻する気負いを失わず、内容教科の担当教員から脱却することを目指して、前向きな意識改革で邁進して欲しい。自由選択の扱いであった英会話や作文クラスが拡充、義務化されて、訳読は読解技能の一部分として位置付けられるであろう。

　これらは、突然の大きな変革のうねりのように思われるが、第二次世界大戦後から一貫して学習指導要領には、音声（聞く・話す）、語法、読む・書くは、培うべき能力として明示され続けてきた。戦後70年以上が経過して、国際化に伴い、英語についての知識を得るばかりではなく、ことばとしての運用能力育成を目指すようになってきている。

　なによりも、英語を学習した記憶が頭をもたげ、政財界、産業界、文芸、学術、趣味・娯楽に至るまで、国民が「英語を話せるようになりたい」と、切望しているように思われてならない。この願いを成就させるために、英語教育界は大きな期待と、重い責任を背負うことになる。ようやく巡ってきた、訳読から技能への本格的な移行は、今からでも遅くはない。

表 2-4 英語学習指導の方向性

	これまでの英語学習指導	これからの英語学習指導
学習指導する素材	文字言語中心	音声言語の充実
学習指導方法	単語と文法規則、訳中心	語彙を中心として、目標文法が使われる自然な場面、文脈、状況に基づく指導を、技能をとおして展開
学習指導形態	説明—練習—確認型	活動中心型、探究学習
学習方法	暗記依存型	運用能力育成型、協働
熟達に向けた方策	翻訳、読解中心型	本格的な技能の統合型、必要に応じて、構文解析技術定着型

第3章

技能学習指導への心組み

はじめに

　技能指導に対する教師の心構えとして、教育学で説かれた「完璧な授業は全て正しい」との原則論を忠実に守って、正解のみを追求するのではなく、発想を転換して、自身も外国語学習者であることを認識する。その上で、謙虚に生徒とともに学ぶ姿勢で臨むことに、注力すれば良いと考える。学習者を適切な用法・用例へと注意・注目を促し、誘導するように努めることが非常に大切である。

　技能教科としての指導では、古文、漢文と類似した内容教科の文法訳読のように、正誤を明確に判断し、評価することが困難である点が、教師にとって大きな不安要因となる。日本人教師は、英語母語話者ではないため、英語処理の脳内ネットワークを常に活性化させていなければ、外国語はすぐに劣化して、記憶の中から溶けて消滅してしまう。そのことを常に意識して、授業をとおして自らの英語力を安定させ続ける意欲的動機付けが、向上心につながっていく。

　換言すれば、教師は学習者よりも上位にある、知識提供者として気負い、自信や誇りを持って技能を教授することは難しくなると思われる。さらには、教師自身が英語母語話者同等の、高度な英語力を獲得していても、それを学習者に教授していくこととは、全く別次元のものである。これが技能教科の宿命とも言える。

　この章では、技能学習指導における音声の位置付け、音声の質と役割、教育学や心理学の知見などについて整理しておきたい。

1.　学習を誘導する音声

　言語は脳内で音声化、音韻符号化を経て処理されると考えられている。音のない世界で生きていると思われがちな聴覚障害者は、手話言語に対して、音声を司る脳内部位が活性化されると報告されている。視覚刺激が言語として無意識に獲得される唯一の体系は手話であり、読み書きによって文字体系

から、言語を直接習得することは困難である。

この節では、音声にかかわる諸課題を概観する。音声と文字の関係、音声連続と意味、発音学習への留意点などを説明していく。

1.1. 文字導入は慎重に

従来、外国語は文字列を読み上げながら、音声を付与することによって学習を進めてきた。この方法は、15歳以上の学習者であれば、文字言語を客観的に分析対象として認識できるので援用可能であるが、特に、13歳以下の学習者には、困難性を誘引することが、教育現場で潜在要因として、広く確認されている。

中学校一年生から、英語学習を開始していた時代には、教科書に書かれているアルファベットの文字列を認識することができずに、つまずく生徒が散見された。ましてや学齢が下がれば、そうした学習者は増加することが危惧される。フォニックス（第5章4.2.参照）による授業で、文字と発音を「楽しく学ぶ児童」が注目されがちであるが、一クラス何人の児童が、どれくらいの期間、なにを似て楽しそうと理由付けているのか。

文字と発音が繰り返される授業の雰囲気を、受け入れることができずに興味を失い、別のことを始めている児童が、教室内には少なからず存在している。この光景が示す意味から、如何なる判断を下し、どこに手を差し伸べれば良いのであろうか。

小学校の研究報告では、「生き生きと活発に」授業に取り組む児童が評価されているが、そうした児童は数名のことも多い。実際に、中学校へ進学する大多数の児童が、「わかんない、つまんない」と一言で拒絶する英語嫌いになっているとの調査もある。いかんとも、放置しがたい事態である。

日本人の多くは「文字なんか読めて当たり前」との前提に立っているが、アルファベットの習得は、非常に困難な作業である。英語母語話者は、音声として習得されたことばを文字規則で結び付けていくが、何年にもわたり、少人数クラスで複数の教師が、手厚く児童に対応する。日本人であるからといって、容易にアルファベットが定着するとは考えにくい。学習困難性に人

種間の優劣は存在しないからである。

　鏡文字（ｂとｄの誤りなど）や、形状混乱などが頻発する事態は、すでに各地の小学校や、児童英語教室からも多数報告されている（第5章4.5.参照）。さらに深刻化した場合には、高校生以降でも失読症に類似した症例が示されており、学習者の悔しさ、辛さは計り知れない。

　中学校から英語学習を始めてさえいれば、発生しなかった鏡文字のつまずきが多くの児童に現れ、学習の阻害を引き起こすことは、看過することのできない重大な問題である。科学的根拠を伴わない無責任な在り方と、大人の常識を教育の現場に持ち込んだ、児童への安易な文字導入は、代償が極めて大きいことを、戒めとして認識しておくべきである。

1.2.　音声が支える言語知識

　円滑な英語学習の根底には音声が存在して、言語処理過程を誘導している。その結果、音声連続体が意味を成し、表現手段となっていく。

　たとえば、リンゴが一つあれば、an apple、再度同じリンゴを認識すれば、the apple、それが酸っぱければ、the sour apple、母親がそれを食べてしまったら、My mother ate the sour apple、親戚にもらったリンゴなら、the apple my relative gave me、と表現される。ここには、単語の配列順序としての語順、動詞が必要とする名詞、時間、英語特有の冠詞といった文法が存在する。

　したがって、意味内容の確認をせずに、音声連続を漫然と反復させたり、誤った音声連続を教示したり、音声連続の発音方法が不適切であったりすると、間違った用例が不自然な音声で、まとまりとして脳内に定着していく（第5章3.2.参照）。小学生に対しては、こうした音声刺激が、いつの間にか記憶へ刷り込まれてしまうため、最大限の配慮が必要である。小学校段階で誤った習慣が形成された場合、音声言語を無意識に吸収することができる潜在能力が破壊されて、児童期特有の優れたこの能力が著しく低下してしまうからである。

　小学校英語教育の目標が、音声に慣れ親しみ、学習の素地を作ることであ

るならば、学習者の能力を最大限引き出し、発揮させる授業であり、児童にとって信頼の置ける、正しく有意味な外国語教育が展開されることが、なによりも重要である。子どもに弊害を及ぼさないように、教示する音声形式には細心の注意を払うことを、教授者には要請したい。

　中学生時代は、聞き取りや発音の練習に最適な年齢域である。聴覚器官が敏感であることから、音声の違いを認識して、柔軟な調音器官が効果的に発音練習を促進する。図解などを活用した発音方法の説明も理解して、綺麗に発音することが可能である。こうした音声学習の習慣を継続していくことによって、学習者の中に安定した音声処理基盤が作られていく。

　高等学校段階では、読解のみに傾斜することなく、文章の聞き取りや、まとまった発話（発表）の能力を向上させることも大切である。効果の薄い音読を習慣的に行うのではなく（第7章2.1.参照）、複数の技能を統合させて、読解素材を基にして発話させたり、聴解素材を使って作文を取り入れたり、創意工夫で聞く・話す活動を短時間でも繰り広げることは容易である。

　音声指導を敬遠する教育現場の姿勢は、生徒に調和の取れた英語力を育成していく上で、著しい偏向と遅滞を招く結果となっている。生徒の学習過程において、音声基盤を安定化させておくことは、大変有意義なことである。その成果は、大学や社会で英語が必要となったとき、再学習の根幹として必ずや役に立つものである。

1.3.　学習年齢に応じた模範音声

　どのような英語音声を模範として聞き、発音練習を効果的に行っていくかを述べたい。

　入門期から初級段階は、聴覚器官での周波数帯域を設定するため、母語話者間の汎用性が高い、アメリカ一般発音（GA）か容認発音（RP）を良質な音質で聞き、耳が十分に慣れてから、これらの発音を訓練する。こうした基本が定着した中級段階以降に、老若男女、方言、人種、非英語母語話者など、さまざまな声や話し方に慣れ、低音質でも聞き取ることにより、聴覚の対応域を拡大させていく。いずれの段階でも、音声素材の速度は操作しない

（第7章6.1.参照）。

　日本では英語圏のように、聴覚器官を日常生活の中で調整していくほどの音声刺激には恵まれず、無秩序な音声学習による弊害が生じやすい。そのため、学習者が接する話者、教材・教具の音声を統制することが不可欠となる。これが、日々多種多様な発音にさらされる英語圏とは異なる、日本の環境ならではの、最も効果的かつ効率的な音声学習指導である。

　残念なことではあるが、聴覚器官は50歳代まで柔軟性を保つが、舌や、あごなどの運動器官は、加齢の影響を強く受けるため、25歳頃を境にして、発音の矯正は難しくなっていく。そのため、英語科教員志望者は、遅くとも修士課程修了までに、音声学に基づく正確な調音動作を定着させておかなければならない。特に、日本語の音声体系で、英語発音を代用する習慣（母語同一化音声処理）が形成されている場合、矯正することには非常に困難と苦痛を伴う（第8章1.4.参照）。

　したがって、教師の発音が無意識に定着していく小学生に対しては、GAかRPによる教材と、訛りや歪みのない英語母語話者教師の発音を、最大限活用する。中学生もこれに準ずることが安全である。高校生は、意識的に発音の違いが認識できるため、教師の発音の影響は少ないが、生徒には積極的に自律学習による聞き取り・発音学習を促し、音声に対する習慣形成を図ることが大切である。その結果、小学校段階、中学校段階から正しい音声学習を習慣付けることによって、聞く・話す基礎は確実に培われ、教師以上に、発音の巧みな生徒が増えていくことが期待される。

1.4.　国際化時代の英語発音

　日本語式英語発音（日本人訛り）は、英語母語話者に留まらず、多くの非英語母語話者からは、極度に理解困難な言語音声信号と思われている。かれらにとって、あまりにも英語発音からは、かけ離れている雑音であり、何語かすら判然とせず、苛立ちと不快感を生じさせるものであることは、知っておく必要がある。

　日本人が標的にされたようで、非常に耳の痛い指摘であるが、良識のある

学習者であるならば、聞き手の理解容易性を高める発音を身につけたいものである。日本語訛りの英語発音を、違和感なく自然なものとして、難なく認識することができるのは、日本語の音声体系を習得している日本人だけであり、国際的には全く通用しない音声信号である。国際会議や学会、交渉の場面などでは、「日本人英語」で話し始めると即座に、通訳者による代読を求められたとも伝え聞く。

　居丈高に「日本人のアイデンティティー」を振りかざして、相手を不愉快にさせるような発音は、円滑な「コミュニケーション」を阻害する。国際化時代、現代でも日本人に謙虚さや真面目さ、ひたむきさが残っているならば、向上心を持って真摯に英語発音を改善していこうではないか。

　以下に、国際語としての英語に関する、発音上の誤りの許容度をまとめておく。国際機関、学術や文芸、政府や経済関係者などを対象に行われた、音声学者による調査結果である。

表 3−1　発音上の誤りの許容度

第1種 言語として認識されない 理解不可能な誤り	・母音に関する間違い ・硬音・強子音と軟音（/f, k, s/ - /v, g, z/） ・子音のまとまり、音節構造 ・意味にかかわる子音の区別 ・/h/ の脱落 ・単語の強勢
第2種 苛立ったり滑稽な誤り	・/r/ の発音 ・子音の誤り ・微妙な母音の誤り ・/l/ の発音（明るい L・暗い L） ・弱形や音声変化 ・不適切な間の位置
第3種 気にならない誤り	・韻律 ・音節主音的子音（子音＋ /l/） ・第二強勢

2. 教育学と心理学が説く学習指導の知見

　学習の促進・阻害要因を科学的に探究することが、教育学や心理学の分野で意欲的に行われてきた。こうした成果は、教育学や心理学の概論書にまとめられ、教養教育や教育職員免許状科目などで提供されている。

　しかし、学習者あるいは教育関係者の実体験として、大学で受講した内容が認識されることは少なく、「そういえば、昔、受講したことがあるかもしれない」という程度の記憶となっている。ここでは改めて、外国語学習とのかかわりを整理して、教育の原点に立ち返ってみたい。

2.1. 記憶の原理

　まず、「記憶」について要点をまとめたい。現代の認知心理学では、入力された対象の一時的な保持、情報の処理、長期的な貯蔵、保存された事項の再生を「記憶」と定義している。情報の処理や再生まで含まれるので、「記憶＝覚えておく」という一般的な使い方よりも射程が広く、少し混乱する恐れがある。認知心理学によれば、人間の記憶には、以下の特徴があると報告されている。

2.1.1. 関連性と情報の取捨選択

• 人間は、自らと関連性がある刺激に対して注意を向ける。

　感覚器官（聴覚・視覚・触覚・嗅覚・味覚）に入ってきた情報は、多種多様であるが、全てを認識しているわけではない。

　たとえば、耳には、相手の声、ラジオからの歌、救急車のサイレン、冷蔵庫のモーター音、猫の鳴き声、その他の、いろいろな音が入ってくるが、意識に上って注意・注目されるのは、自分と関連がある音だけに無意識に絞り込まれる。

• 注意を向けた刺激の中で、選択されたものだけが記憶に残る。

　はっとして注意を向けたり、何気なく気が付いたり、自分と何らかのかかわりがあると認識した情報であっても、全てが記憶されるわけではない。そ

第 3 章　技能学習指導への心組み　53

の場限りで、記憶から消去される対象も多い。

　記憶量には限界があるため、日常生活や学習過程においては、脳が記憶す
る意義や価値を見いだした情報のみが、選び取られて保持される。

2.1.2.　理解

● 概念や内容は、理解されたものだけが記憶される。

　意味を成さない、解釈不能な概念や内容は、記憶に残らない。複雑怪奇な
内容、意味不明な言語連続、因果関係や論理関係などを導けない、支離滅裂
な概念などは、それらに直面したことだけは覚えている程度で、中の内容は
なにも記憶されない。

　触感、臭い、味といった、感覚器官の刺激に対する記憶は意味を伴わない
が、言語や数式などで表現された概念や内容は、自分なりに理解されなけれ
ば記憶に残らない。

2.1.3.　学習

● 新奇な対象は、関連性、または好奇心を持った場合にだけ学習されて記憶
　される。

　学習対象が記憶されるためには、まず、意識的に注意・注目されなければ
ならない。脳が自分とは無関係と判断した対象は、情報の新旧や複雑さを問
わず、記憶されない。情報の取捨選択、学習の規準は、自分との関係か興味
関心である。

2.1.4.　熟達

● 繰り返しや練習によって、活性化と運動感覚が熟達していく。

　何度も同じ経験をすると、処理や行動が高速化する。しかし、刺激に慣れ
すぎると、注意を傾けることなく、また同じ情報と即座に判断して、微細な
違いに気が付かなくなる。

　経験を積むと、ある程度の速さで適切・的確に、間違えることなく達成で
きるようになっていく。感覚運動器官が熟達すると、目分量や感覚的に正し

く計量などもできるようになる。

2.1.5. 語彙・文法学習への示唆

　記憶が学習を支えていると考えると、これらの原理は、英語学習指導に対する大切な視点を与えるものである。

　単語テストや文法ドリルは、高得点を取りたい、という生徒の意識付けだけが関連性を保証しているので、点数さえ取れれば、記憶した内容は試験直後から消滅が始まる。肝心な記憶した要素は忘却するので、なにも学習したことにはなっていない（図2–2参照）。

　文法規則の暗記も、理解を伴っていなければ知識とはならず、これを繰り返しても、同一の練習問題や試験といった、特定の狭い状況下でしか役立たない断片刺激となる。したがって、英語運用能力の向上は望めない（第2章2.1.1. 参照）。

2.2. 教育の枢要な観点

　ある学習指導法を採択する場合や、教材や教具を採用する基準を設けるときには、以下の観点を十分に考慮しなければならない。言うまでもないことであるが、閑却されている実践があまりにも多い。

> ・学習者に、どのような能力を育成したいのか。
> ・学習者は、どのような学習段階にあるのか。
> ・どれくらいの期間にわたって用いるのか。
> ・結果として、どのような効果が期待されるのか。

　たとえば、音読活動によって、生徒にどのような英語力が高まるのか。文字解読技術を安定化させる目的であるならば、文字列を円滑に読み取れて、音声化できる段階か、すでに解読技術が身についている場合は、内容理解には不必要な時間であるため、異なる活動を行う（第7章2.1. 参照）。

さまざまな学習指導法の提案、教材や教具が「効果的」として、宣伝されて注目を集めている。しかし、如何なる学習者に対して、なにを目的として採用し、どのような英語力となるのかを客観的に検討する。その上で、適切な時期に導入して実践し、学習者が次の段階に入れば終了させることが、教授者の基礎・基本である。

単に、習慣化した授業の「型」を繰り返して、毎時間、1年間にわたって同じ方法（たとえば、音読やシャドーイング）を続けていくことは、貴重な授業時間の空費である。そればかりか、教育効果が低下して、学習者の英語力が低迷、さらには悪化していき有害ともなり得る。このことは、同じ薬を飲み続けると、やがて薬害となることと同じ現象である。

また、英語圏で英語母語話者が提唱した教授法を導入することに対しては、日本人教師が有意味に展開できるのかを見極めることが、なによりも先決である。

2.3.　学習一般を促進する原理原則

以下では、学習心理学、教育心理学で提唱されている、学習の原理を整理しておきたい。音声、語彙、文法学習に当てはまると考えられている。

2.3.1.　学習意欲と自律

- 学習者が自分とのかかわりから、学習対象に興味、関心がある場合や、不思議を感じたときに、学習意欲の向上が見られる。

人間の「記憶の原理」に基づいた学習観である。情意面が、学習を開始する際の原動力や、フィルターのような役割を担っている。ただし、前頭葉が発達した人類には、好きではなく嫌いではあるが、我慢をして取り組もうとする動機付け能力、自律性が備わっている。

2.3.2.　探究学習と知識の活用

- 学習者は、経験や既習事項に新しい情報を組み込んでいく、探究学習に取り組むことが大切である。

これは、理解を促す一つの方法である。自ら試行錯誤して意味付けを行い、納得した上で記憶する。一方的に情報を与えられても、思考が伴わなければ、すぐに注意・注目が停止されて記憶されなくなる。現在推奨されている協働学習は、学習者たちのペースで、課題を解決していく過程を大切にする学習法とされている。

• 新出事項は、深い理解を促すために、具体的な場面、文脈、状況の中で積極的に活用する。

知識は具体的に、なにかに生かされて初めて意味を成す。学び得た情報、特にやり方や解決法などは、実際に何度か具体物や具体例を、操作することによって定着していく。数学では公式を使って解くこと、理科では実験をすること、英語では話す・書くことで、生きた知識となる。

2.3.3. 説明

• 新出事項を定着させるために、学習者自身のことばで対象を説明させ、深い理解を促す。

数学などで見られるように、友人に解き方を説明することによって、自分自身の理解がより深まる。また、知識提供型の社会科などでは、歴史上の出来事の発端・進展・結末と、その理由などを学習者自身のことばで説明させることで、首尾一貫した知識として記憶される。教科書を丸暗記することは、無意味であるとされている。英語でも、聴解・読解素材や、他者の発表の内容を自分のことばで説明させたり、誤りを指摘して訂正させたりすることで、言語知識の生かし方を学ぶ。

2.3.4. 内省・省察

• なにを、どのように学んだかについて内省することにより、既習事項と新出事項を融合し、知識の安定化と拡充を図る。

学習過程に対する省察の意義を唱えた、ポートフォリオ作成、日誌、日記の考え方である。自らの勉強方法や、学習・理解過程を順序立てて、くまなく思い起こし、客観的に考察を加えることで、学習方策の利点と欠点、評価

点と改善点などを見いだす。こうした振り返りをとおして、反省点をふまえ、理解できた部分は安定化させ、分からない部分は再学習を行う。

3. 言語知識と言語技能の教育原理

　外国語学習により特化した、音声（聞き取りや発音）と表現形式（語彙と文法）の定着について、教育学より以下の原理が提案されている。

3.1. 分散練習、接触量と頻度

• 短期間に同一事項を繰り返す集中訓練やテストよりも、長期間にわたって学習を繰り返す分散練習を行う。

　暗記は、短期記憶依存型の学習方法であり、入力と同時に即刻、記憶対象は消滅していく。定着を図るためには、さまざまな場面、文脈、状況で、学習対象に知らず知らずのうちに、接触頻度を確保する（第2章2.1.1.参照）。

• 学習対象の音声や表現は、接触量を維持し、出現頻度を保証する。

　これは、表現能力向上や発音の上達の絶対条件である。中学校の英語教科書では、毎回新出事項だけが並び、既習事項は含まれない傾向があり、前回学習した内容は、どんどん忘却していく。そのため、言語活動などに盛り込んで、さりげなく接触させていく分散練習の工夫が必要である。そうしなければ、高等学校入学時には、中学三年三学期期末試験の出題範囲の事柄しか、記憶されていない事態が発生してしまうとの報告もある。

3.2. 多様な文脈

• 異なる文脈の中で、目標の発音や表現を使用するほうが、同一の文脈で機械的に学習するよりも効果的である。

　教科書・教材の文を暗記することは、場面依存度が高く、新しい状況には全く応用されない。たとえば、英会話テキストをひたすら暗記・暗唱しても、実際の会話場面には生かされない。このことからも、暗記中心のドリル方式には限界がある。

3.3. 感覚運動器官の自動調整と明示的知識の限界

- 聴覚と調音（発音動作）は、感覚的に調整されることが多いので、正誤の指摘に留め、知識を提供するような、諸々の解説は必要以上に加えない。

　発音指導は、何回か訓練した後に改善に向けた注意を与え、毎回の練習に対して頻繁に指導することは避ける。発音は、学習者自身が無意識、かつ自然に修正していくことが多いため、発話直後には寛容に受け止め、少し遅れてから注意を促す。

- 聞き取りと発音の訓練では、感覚運動器官の自動調節に最大限働きかけるため、知識は感覚運動を制御できない。

　たとえば、だまし絵では、知識ではそうではないと分かっていても、そのように錯視する。音声学習でも同じ音か違う音か、正しく発音ができたか、少し違うかは、知識ではなく感覚が判断を下す。

　同様に文法規則も、知識としては知っているが、自らの発話や作文では、発揮されない現象が確認されている。

　たとえば、三人称・単数・現在形の規則は比較的簡単であるが、発話時に落としたり、作文では誤りに気付かなかったりすることが多い。

　聞き取りと発音訓練は、感覚運動器官が自動調整されていくことで、自然と成果が現れる。ことばで頻繁に説明されても、萎縮して意欲が低下するばかりであり、知識が感覚運動を制御することは限定的である。確固とした聞き分け能力が培われていれば、録音、録画で客観的に自己判断が可能となる。

3.4. 対象の整理

- さまざまな学習項目が盛り込まれた、作為的ではない訓練を推進し、きっちりと順序付けられた統制の強い学習は控える。

　分類されたリストの学習（食べ物、乗り物、動物、家具、といった語彙の集合）や、文法項目が並んでいる教材などは、その成果として運用能力は育成されないとの実験結果が報告されている。

　こうした整理法は、一見したところ分かりやすく見えるが、将来に向けた新奇事項の学習法ではなく、既習事項の記憶方策と考えられている。整理さ

第3章　技能学習指導への心組み　59

れた対象を暗記するのではなく、別個に学習してきた対象を自分で整理していくことが有意味な学習である。

　一覧に整理された用法・用例提示は、ある程度学習が進んだ後に行う。これらを先に提示、説明して暗記させても、運用能力育成の観点からは、無意味であることが実験でも確認されている。

　一覧に整理することは、既習事項に対する復習方策である。文法書で「これらの動詞は、○○構文をとり××には使用されない」といった、解説が列挙されていることがある。しかし、この規則を基にして運用しているのではなく、実際にその動詞が使われている用法・用例を、さまざまな場面、文脈、状況で学習してきた結果として、文法は徐々に身についていくものである。規則の暗記の成果が、運用能力となるとは考えられない。もし、それが現実的に可能であるならば、日本人が英語の文を正確に書く力は、すでに格段に高いはずである。

3.5.　英語能力成長の過程

　聴解・読解素材として学習者が接触する言語刺激（インプット）と、期待される表出（アウトプット）は、以下のとおりである。

表 3–2　学習者と入力・出力

	小学校	中学校	高等学校	
			普通校	英語重点校
インプット（聞く・読む）	音声による定型表現（チャンク）	教科書の文	読解・聴解教材	多種多様な読解・聴解素材
獲得される言語知識	定型表現（チャンク）	基本的な語彙と構造	語彙と文法の累積	累積された語彙と文法による多彩な表現能力
アウトプット（話す・書く）	場面に従った定型表現（チャンク）	教科書の基本文	文や数文を話す・書く	まとまりのある文章を話す・書く

4. 学習者の個人差と学習指導

　この節では、拙著『学びのための英語学習理論』より、講義の中で毎年反響が大きかった部分を引用する。学習者や自分に合った学習指導法を見いだすために、一つの心理学的尺度を与えてくれる。

4.1. 三タイプの学習者

　外国語学習では、言語処理における個人差の影響が現れると心理学から報告されている。言語を理解、使用、学習する際には、視覚処理優勢型、聴覚処理優勢型、身体処理優勢型の三つのタイプの学習者が、集団の中に3割程度ずつ存在すると言われている。複数の優勢型の特徴を示す学習者も見られる。優勢型の違いによる優劣は全くなく、小学校高学年頃には、個々の学習者の優勢型は、ほぼ決まってくる。

　たとえば、30人のクラスでは、10人前後ずつ、それぞれの優勢型の学習者が存在すると予測される。

　外国語学習では、自分がどのように言語を処理するタイプなのかを知っておくと、効率良く学習法を選択することができる。ただし、視覚処理優勢型であっても音声学習を、聴覚処理優勢型であっても読む書く学習を、たとえ苦手であっても好き嫌いではなく、均等に時間を割り当てて行わなければならない。

4.1.1. 視覚処理優勢型

　文字や図、絵、相手の表情や動きなどの視覚情報を頼りに、言語を処理する。文字化された素材が最適で、自らも積極的にメモなどの文字化手段をとり、色彩に富んだ色で強調することが多い。

　一方、音声だけに頼った活動は苦手で、雑音や歌を伴った音楽などの音声刺激があると、集中が妨げられる傾向が見られる。教師は、色分けをした板書、文字の大きさや字体を工夫したプリント、カラフルな画像や映像などの視覚刺激を活用して、視覚効果を高めることも有効である。

第3章　技能学習指導への心組み　61

4.1.2.　聴覚処理優勢型

　読むことよりも、聞くことのほうが得意である。操作マニュアルを手渡すと、口で説明して欲しいと頼むタイプである。聞いたことはよく覚えているが、自分で読んだ知識や情報は、記憶にあまり残らない。声の調子や特徴、話の速度、その他、音声情報に敏感である。

　討論やディベート、スピーチや口頭発表などの、音声を中心とした活動が得意である。音声を伴わない黙読よりも、音読やCDの使用が効果的である。読解教材を使用するよりも、読み上げている音声教材を好む。

4.1.3.　身体処理優勢型

　書いて覚えたり、何度も口に出したりと、身体を使いながら言語を処理する。身振り手振りと、身体を動かしながら言語を運用する。そのため、運動器官を頻繁に用いるので、他者からは落ち着きがないと誤解されることもある。歩きながら読んだり、運動しながら聴いたり、声を出しながら書いたり、音楽などを聴きながら学習する。

　このように、視覚や聴覚といった、一つの感覚器官のみに依存せず「ながら」学習をする傾向が見られる。演劇や、ロールプレイなどを使った、動きのある活動中心の学習が得意である。

4.2.　自分はどのタイプか

　上述のとおり、言語処理には三つのタイプの優勢型がある。個人で学習する場合は、自分に適した学習方法を選ぶことになる。授業では、無意識に教師自身の優勢型の指導技術に偏っていくので、注意が必要である。

　たとえば、視覚処理優勢型の教師は文字を多用し、読解と作文に時間をかけるようになる。音声は苦手とするため、あまり聴解や発話を扱わなくなっていく傾向が見られる。

　しかし、教室には教師の優勢型以外の、聴覚処理優勢型の学習者と、身体処理優勢型の学習者、過半数以上が存在する。教師は、視覚と聴覚、そして身体処理優勢型のいずれにも、同程度働きかける授業を展開することに注意

を払い、一つの領域に偏ることのないように心掛けたい。

　この意味でも、次章で述べる統合技能は、視覚による読解、聴覚による聴解、発話や作文といった身体処理など、複数の感覚運動器官に働きかける作業を含んでいる。人間の認知機能の側面から見ても、活動中心の技能学習指導を、授業に変化を持たせながら活用していくことは、意義があるものと考える。

　次に、言語処理の優勢型を調べる質問紙を紹介する。さまざまな調査法があり、いろいろな方法を試してみた結果、学習者たちの傾向をうまくとらえたBrookhavenCollegeの、簡易調査キットを採用した。

　質問に対し、頻繁に行っている場合は3点、たまに行う場合は2点、ほとんど行わない、あるいは全く行わない場合は0点を付け、合計点を求める。それぞれの領域で合計点を出し、21点以上の場合や3点が多い領域が、自分の優勢型である。

視覚領域

（　　）書くことで、内容をよく覚えられる。

（　　）電話よりも、相手を見ながら話すほうがいい。

（　　）静かな環境でないと、作業がはかどらない。

（　　）試験のときには、単語帳、教科書や参考書のページが、映像として脳裏に浮かぶ。

（　　）指示されたときには、単語を中心とした要点だけではなく、全て書きとめる。

（　　）作業中に音楽や雑音があると、集中することができない。

（　　）冗談を言われると、すぐに理解できないことがある。

（　　）紙があると、つい絵やことばなどを落書きしてしまう。

（　　）講義や講演など、一方的に話されると、内容についていけないことがある。

（　　）蛍光ペンを多用する。色に強く反応する。色彩に興味がある。

　計＿＿＿＿＿点

第 3 章　技能学習指導への心組み　63

聴覚領域

（　　）ノートやメモは、煩雑である。

（　　）本や新聞などを読むときには、指でなぞりながら読む。

（　　）長く書かれた指示文は、苦手である。

（　　）聞いたことは、よく覚えている。

（　　）作文は、大の苦手である。

（　　）読み間違いをよくする。

（　　）読むよりも、聞くことのほうが好きである。

（　　）身振り手振りが、うまく理解できない。

（　　）微細な字や、不鮮明な読み物は、好きではない。

（　　）病気ではないのに、目が疲れやすい。

計＿＿＿＿＿＿点

身体領域

（　　）指示文を読まずに、作業を始めてしまう。

（　　）長時間、机の前に、おとなしく座っていることは苦痛である。

（　　）自分が作業を始める前に、完成品やサンプルを確認したい。

（　　）試行錯誤をしながら、作業するタイプである。

（　　）フィットネスでは、自転車で足を鍛えながら、音楽を聞いたり映像
　　　　を見たり、本を読むこともできる。

（　　）勉強中には、頻繁な休息が必要である。

（　　）一つずつ順序立てて、懇切丁寧に説明することは苦手である。

（　　）スポーツは得意で、大好きである。

（　　）発表などでは、手や顔、頭や身体をよく動かす。

（　　）ノートを書き直したり、打ち込んだりすると、よく理解することが
　　　　できる。

計＿＿＿＿＿＿点

4.3. タイプ別の外国語学習方法

　最後に、各優勢型に適した英語学習の方法をまとめる。これは、2003年9月にMarc Helgesen氏が、ELT News Think Tankに掲載した記事を基にしている。ここからも分かるように、個々人で異なる認知機能を考慮すれば、「唯一無二の効果的学習法」などは存在しない。これらに対応する形で、最低でも三種類の学習法を提供する必要がある。

　たとえば、単語の学習方法一つをとっても、「書いて覚える」ことが最善と推奨されているが、全ての学習者には当てはまらない。優勢型によって、見て覚える、聞いて覚える、発音して覚える、音楽を聞きながら、あるいは、身体を動かしながら歌って覚える、さらに、これらを組み合わせる、など多種多様である。そのため、どれが自分に合っている学習法なのかは、学習者自身で試行錯誤することになる。

　語彙や文法、技能の学習指導では、こうした個人差をふまえた柔軟性と配慮が必要となる。推奨されている学習法が、自分の優勢型と合致していれば効果があり、反していれば全く効果はないばかりか、自信を喪失するために不適切でもある。

　画一的な外国語学習指導は、それに対応できない、つまずいた学習者を置き去りにして、成績不振者の印を押してしまう。もし、他の方法で教わってさえいれば、高い能力が身についたという事例は、教育現場から多数報告されている。

　たとえば、特別支援学校で、点字だけを延々と繰り返す触読中心の英語授業に、学習意欲を喪失して挫折したものの、大学で、さまざまなフランス語母語話者とのやり取りを含めた、音声中心の学習で成功し、文芸の最先端でフランス語を駆使して、活躍している全盲の若者。また、「文法規則と単語テスト」方式には全然馴染めず、「努力不足で成績がひどい、中学生以下の学習障害者」とされた高校生が、場面、文脈、状況下で用法・用例を学習していく「語彙中心の指導法」に巡り会い、今や高度な運用能力を身につけて、国際的に貢献している。

　このように、指導法一つで生徒の人生を左右する事実などは、感動に値す

第 3 章　技能学習指導への心組み　65

る事例である。教師の教育への熱意と学習者への良心は、教訓としなければ
ならない。

　文法ドリルや単語テスト、和訳問題で高得点を修める「優等生」が、どれ
ほどの運用能力を持っているのかは全く確証がない。カリキュラム設計とシ
ラバス・デザインにおいては、ただ一つの決まった教授法に固執することな
く、複数とおりの指導法を、学習者に提供することができる柔軟性が、教育
者には求められる。

4.3.1.　リスニング

視覚処理優勢型
- 聞き始める前に、素材に関する質問や、補足情報などを読む時間を取
り、ウォーミング・アップの問題を解く。
- 教科書を閉じて、話の状況を想像しながら聞く。
- 次に教材付属の CD を、教科書を見ながら聞く。

聴覚処理優勢型
- 理解した内容について、意見交換をする。
どの情報を基にして、考えたのかをまとめる。
- 教材付属の CD を聞きながら、内容理解の学習をする。
- 教科書は閉じて、CD の後についてシャドーイングをする。

身体処理優勢型
- 聞き始める前に、選択問題を提示した指差し、芝居など、身体を動かす
活動を取り入れ、ウォーミング・アップを行う。
- 教材付属の CD は、他の活動をしながら聞く。
たとえば、歩きながら聞いてみたり、他の人の行動を眺めたり、登場人
物の気持ちになって、表情やしぐさを同じように追体験してみる。

4.3.2. やり取りのリスニング

視覚処理優勢型

- 会話のスクリプトが、教材に書かれているものと、吹き込まれているものがあるが、書かれているものを用いる。
- リスニング中は目を閉じて、会話の状況を想像してみる。

聴覚処理優勢型

- 会話のスクリプトが、教材に書かれているものと、吹き込まれているものがあるが、吹き込まれているものを用いる。
- リスニング中は目を閉じて、会話の状況を想像してみる。

身体処理優勢型

- 静かに聞き、声帯を震わせずに発音してみる。口を動かし、口の形、舌や歯の感覚をとらえる。
- リスニング中は立って動き回り、身振りや手振りを用いる。

4.3.3. 音声による語彙と文法の学習

視覚処理優勢型

- 板書による説明や、教材中の目標文に注目する。
- ペンや付箋の色を変えたり、マーカーで塗ったりして視覚的に訴える。
- キーワードや文法項目に、下線を引き際立たせる。

聴覚処理優勢型

- リスニングに集中する。
- 母語話者の発音を静かに繰り返す。
- 話されているリズムのみを、まずつかむ。その後、読み上げる。

身体処理優勢型

- 静かに聞き、声帯を震わせずに発音してみる。
- リズムをつかむために、そっと机を叩く。
- 聞いた文を、指で書いてみる。

4.3.4. ペア、グループ学習

視覚処理優勢型

- 言語活動を突然始めるのではなく、まず教材の活動全体を確認して、見渡す時間をとる。
- 確認作業終了後、ペアやグループで活動を始める。

聴覚処理優勢型

- ペアやグループで活動内容を一緒に見て、教材の指示を理解する。
- 活動内容の感想を、学習者どうしで述べ合う。

身体処理優勢型

- 最初に、教材全体の内容を確認する時間をとる。
- 興味に従って順位付けを行い、最も興味のある活動から始める。
- 活動をしながら会話相手を替えていき、動き回りながら、いろいろな人と話す。
- クラスの雰囲気に合わせて、クラシックやロックなどの、歌を伴わない音楽を、低音量でかけておく。

4.3.5. 討論や議論

視覚処理優勢型

- 活動を始める前に、素材全体の内容を見渡して確認し、なにを話すかを考える。

聴覚処理優勢型

- なにを話すかを考えてから、状況を想像し、教材の内容を聞く。

身体処理優勢型

- なにについて話すかを考えて、自分が話す内容をつぶやく。

4.3.6. リーディング

視覚処理優勢型

- 読解しながら、状況を想像する。
- 脳裏で映像化・画像化する。

聴覚処理優勢型

- 一人で、あるいは誰かに向かって音読する。
- 黙読する際も、発音に注意を向ける。

身体処理優勢型

- 大きな色画用紙を用意する。自分が一番好きな色を選んで、教科書の後ろに置く。
- 好きな色を枠として置き、読み進める。
- カラーコピーや、電子機器画面上での読解では、背景色を変更することによる効果も、実験的に示されている。

4.3.7. ライティング

視覚処理優勢型

- 書く内容について、画像や映像として想像を膨らませる。

聴覚処理優勢型

- 書きたい内容について、話し合う。
- 声に出しながら、書く内容を読み返す。

身体処理優勢型

- 考えを整理するために、メモをとったり、走り書きをしたりする。

4.3.8. 自学自習、自律学習

視覚処理優勢型

- 見たものを、どのように英語で言えば良いかを考えてみる。
- 付属音声は、文字を追いながら聞く。

聴覚処理優勢型

- 自分自身のことについて、英語で話してみる。
- 音楽を聴き、歌詞の意味を考えてみる。
- 付属音声は、文字を見ずに聞き、状況を想像する。

身体処理優勢型

- 英語でなにかをしてみる。
  たとえば、英語の取扱説明書を読み、使用してみる。英語の料理本を読み、英語で話しながら調理をする。
- 散歩をしながら、英語を聞いたり歌ったりする。

第 4 章

統合技能の概説

はじめに

　人間は、ことばで創造することができる。現代語は、理解と表出が成されてこそ、その機能を果たす。聞いた情報をまとめながら意見を書いたり、読んだ内容を要約して話したりと、言語は統合した型で使用されている。国際語である英語は通用域が広く、自ら自在に使いこなすことができるようになって初めて、ことばとしての役割を担う。

　英語の運用能力を定着させていくためには、聞く・話す・読む・書くことを組み合わせ、言語使用の実態に即して、実践的に学習する機会が欠かせない。統合型の技能学習指導は、聴解素材を基にして話す・書く、読解素材を基にして話す・書く、聴解と読解を行った上で話す・書く、を可能にすることを最終目標と設定する。そのためには、段階性（レディネス）に従って、技能の統合を図っていくことが必要となってくる。

　この章では、統合技能の学習指導について全体像をまとめてみる。校種別の具体的な展開方法は、次章以降で詳述していく。

1.　なぜ技能を統合するのか

　我が国の英語教育では、「聞く・話す・読む・書く」の４技能の能力が、バランス良く育成されることを、一貫して高次の目標として掲げてきた。しかし、録音・再生技術が未発達であったため教材に制約があり、比較的指導しやすい読むこと、最近では聞くこと、語法（語彙と文法）の練習に偏向する傾向が強かった。換言すれば、全ての時間で、理解技能を重点的に学習指導してきたことになる。

　話すことに対しては、選択授業の一つとして、英会話クラスを設置することが一般的である。意欲的な学校でも、４技能は別個に扱われることが主流で、読解クラスやリスニングクラスなどは、その典型例である。英会話クラスでは、聞いて話す、近年のライティングクラスでは、読解素材を基にして書く、といった活動が取り入れられ始めている。

1.1. 統合技能とはなにか

統合技能（integrated skills）とは、人間の自然な言語使用に従って、複数の技能を組み合わせ、外国語を運用することである。これは、理解技能に傾斜する日本の英語教育改善に向けた一つの提案である。

「読んで訳して終了」、「聞いて、選択肢の正解を確認して終わり」にするのではなく、読解・聴解素材で理解した内容を基にして、話す・書く機会を提供する。話す、書くだけを取り出して、一つの技能に特化した学習指導は不自然であり、授業を計画することは困難である。

統合技能は、複数の感覚運動器官に働きかけて変化に富み、学習者は活動的に授業に参加することができるため、教育の効果が期待されている。表出する前段階として、何らかの情報を受信して準備しておくと、表出への移行が自然で円滑となる。二つの理解・表出技能、または、理解技能と表出技能の組み合わせは、次のとおりである。さらに、段階が進めば、二つ以上の技能を組み合わせるなど、多くの可能性がある。

・聞いてから読む、聞いてから話す、聞いてから書く。
・読んでから聞く、読んでから話す、読んでから書く。
・話してから書く、書いてから話す。

従来からの英語の授業では、文法訳読法と、それを支える単語帳・文法ドリルが用いられて、技能の学習指導は考慮に入れてはこなかった。その結果として学習者には、ある程度の翻訳能力は定着するが、4技能をバランス良く獲得して、英語運用能力を高めることは、非常に難しかった。

こうした学校での英語授業だけでは、話せないことは当たり前で、習っていない技能は身につくはずはない。「英語で話したい」と希望する学習者は、その訓練を独自に見い出して積む以外に方法はなかった。「読解学習の結果、聴解、発話、作文ができるようになる」と、夢を持たせる根拠の乏しい言説は、脳機能の分担の側面からも、決してあり得ない幻である。

1.2. 統合技能の授業運営

　教師の立場では、1年に一冊の教科書を指導する「総合英語」の形態が一般的であり、それを終わらせることが最優先事項である。教科書の改善が進み、高等学校の総合英語の授業では、学習者の段階に応じた会話活動、数行の文を聴解や読解の上で発話する、記事を読み関連するニュースを聞いて、発話や作文を行うなどの、技能を統合した授業は可能となってきており、熱心な教師たちの創意工夫によって、すでに教育現場に広まっている。

　しかし、注意すべき問題点として、こうした指導は、授業展開が活気付き活発に映るが、語彙と文法、技能の段階性に対する教師の意識が弱まり、学習者のつまずきを誘引する可能性が高まってくる。

　一方、教材と補足資料の内容が不十分であると、教師には授業準備時間が多く必要となり、過重な負担を強いることにもなる。その解決策の一つとして、信頼性が高い良質な教材を使用することにより、丁寧に素材を活用して、受容語彙と発表語彙を育成する指導が可能となる。英語力向上を確実に図ることが期待できるのではないか。

　統合技能の授業では、学習者の理解確認をしっかりと行い、表出に向けた準備活動と、話す・書く練習を展開する。理解活動の上で表出活動が入るので、授業時間は通常に比べ、倍程度消費することになる。進度調整など、担当教師間の合意形成が必要となってくる。

　また、無秩序に複数の技能の活動を盛り込んでしまうと、学習困難性が呼び水となって、さまざまな要素が複雑に絡み合う。理解面に問題があったのか、それとも表出時につまずきを招いたのか、原因の所在を究明しにくくしてしまう。技能の移行に際しては、置き去りにされる生徒に手当てを施しながら、常に見落とさないように注意深く理解状態を確認していく。あくまでも教材からは逸脱をせず、無理に発展させて、生徒が知らないことに「挑戦」させることは避け、節度ある授業展開を心掛ける。

　教室では、電子機器利用が普及した現代でも、教師の声が学習者を導き、学習者どうしの声で練習活動が進められていく。こうした授業形態が効果を発揮するためには、20名程度のクラスサイズが望ましい。

2. 統合技能に必要となる能力の育成

　日常的な言語使用では、不明な点や十分ではない部分を、他の技能が補う方策を無意識にとっている。

　たとえば、聞き取れなかった場合、口頭で再確認を行ったり、文字情報を手掛かりとして補足したりする。また、読み取りが困難な場合は、聞くことによって情報を補うことができる。

　言語処理過程では、背景知識によって推測して、聴解や読解内容を理解し、会話中には、聞き取ることができなかった内容については、意識的に確認を行う。人間の言語処理システムは、理解と表出が順番に機能しているのではなく、瞬時に融合して、ほぼ同時に処理を行っており、こうした技能間の連携が、言語運用の能力となっている。

　具体的には、会話では、相手の発話を聞きながら内容理解と先読み、相手の言い誤りの修正を聞き手側で行い、自分の発言内容を組み立てて、次の発話へと継続していく。自らの発話中には、発音・語彙・文法などの側面の誤りを監視（モニター）し、修正しながら次の文を生成していく（第8章 3.3. 参照）。

　本来、聞く・話す・読む・書くことは、単独で独立した技能ではなく、日常的には自由に次々と、意識することなく統合されて使われている。英語教育が、ことばとして使いこなすことができる外国語能力の育成を目指しているのであれば、英語においても、母語の言語使用と同様の運用能力を培わなければならない。そのためにも、現実からかけ離れた、教室だけに存在する記号操作のような文法練習ではなく、言語理解・言語表出のための文法と、運用可能な表現形式を、具体的な場面、文脈、状況下で、統合技能として学習指導することが、言語本来の在り方ではないか。

2.1. 英語圏の教材とカリキュラム

　英語圏の、統合技能学習指導のための教材や、統合技能能力育成を目指す語学学校では、技能を分離せず、新しい文法項目は実際に使用される文脈

で、自然なコミュニケーション活動をとおして、総合的に身につけていくと、指針を掲げている。

英語圏での統合技能の一般的な段階分けを紹介する。日本で実施する統合技能学習指導は、英語の接触量と接触頻度が、日常的に保証されている英語圏とは大きく異なることに注意が必要である。国際社会で、英語を活用する人材育成に向けた努力目標の参考となるであろう。

① 初級段階前半

4技能の基礎技術を身につける。必要となる最低限度の技能を獲得する。
・定型表現を使用しながら、簡単な質問と応答ができる。
・簡単な会話を、行うことができる。
・内容語や句を理解して、指示・命令に対応することができる。
・日常生活や経験に関する、簡単な文章を読む。
・自分とかかわりのある内容の文を、数文書く。
・基礎的な文法構造を、身につける。

② 初級段階後半

4技能の基礎技術を高めていく。以下を実行するために、必要となる最低限度の技能を使いこなす。
・簡単なやり取りを、続けられるようになる。
・使用頻度が高い、質問と応答に慣れる。
・状況を述べる、簡単な話をする、過程・経過を説明する。
・2段落～3段落程度続く、文章を読む。
・出来事、話、計画などを簡単に書く。
・口頭や筆答で、日常的な表現を表出できる。

③ 中級段階前半

初級段階で身につけた技能を拡張し、より複雑な状況へ応用していく。決まった場面、文脈、状況に留まることなく、新しい状況や、予測不能な事態

第4章 統合技能の概説 77

に対応できるようにする。

・自分と関連のある事柄、社会生活で必要となる内容へ対応する。

・他者のやり取り、日常的な指示や説明、質問や公共放送を理解する。

・考え、意見、感情、経験などを、連続して数文で話す。

・短い手紙やメール、文章を書く。

・日常的な表現や、高頻度語彙を理解する。

・少し複雑な構造で話す。丁寧表現や慣用句などを、英語圏の文化的に適切な表現方法で表出する。

④ 中級段階後半

身につけた技能を安定化させ、複雑な状況にも対応する。経験したことがない場面、文脈、状況や、予測不能な事態にも、臨機応変に対応できるようにする。

・不必要な間を取らずに、自信を持ってやり取りを行う。

・事実と見解を、明確に区別しながら表明する。

・相手との関係性（友人、初対面、公式場面など）に応じた、理解と表出を的確に行う。

・メディアの情報を、正確につかむ。

・1ページ、あるいは約3段落～5段落程度の文章を理解する。

・読解素材から、新情報を得る。

・1段落～2段落程度の文章を書く。

⑤ 上級段階前半

複雑で入り組んだ状況で、技能を使いこなす。

・具体的、抽象的な内容で、意思疎通を行う。

・問題解決や意思決定を行う。

・記述説明、分析、比較検討を行う。

・自信を持って会話に参加する。

・適切な表現形式の選択と、的確な発音ができる。

・間接的な質問や、丁寧な応答ができる。

・2 ページ～3 ページの、自然な読解素材に対応できる。

・情報検索のための読解と、小説などの多読を行う。

・英語の段落構成に従って、数段落の文章を書く。

・構造・構文、慣用表現を使いこなす。

⑥ **上級段階後半**

日常、仕事などで必要となる技能を定着させる。英語をことばとして不自由なく使いこなす。

・情報を自分で入手して整理し、相手に提供する。

・公式場面で、30 分程度、自由に意思疎通を図る。

・日常生活、および仕事などの場面で、完璧に理解して応答、行動することができる。

・新聞、雑誌、書籍、小説、書類、各種文書などを正しく読みこなし、口頭や筆答で要約を行う。

・書き手の意図や立場、感情を正しく理解し、自分のことばで表現する。

・依頼、意向、提案、確認、同意・賛同・反対、感情表明、見解などの文章を書く。

・英語圏の文化的に適切な、表現形式を使いこなす。

・数行の文を理解し、自らも書く。（日本では構文解析技術に相当する。）

2.2. TOEFL® iBT

統合技能能力は、4 技能の集合体として成立し、各技能の能力によって支えられている。しかし、TOEFL® iBT（Test of English as a Foreign Language: Internet-based test）に代表される統合技能試験の判定では、聴解と読解が異なる素材として出題される。理解の上で考えを述べる力を、発話や作文によって測定するため、劣る技能が、結果を低下させる可能性は十分に考えられる。

TOEFL® iBT は、従来の listening と reading に加えて、本格的に統合技

能を試験対象として設定した、画期的な言語技能検定試験である。近年の検定試験は、これを参考資料として開発されている。こうした試験は、それぞれの技能に対する学習状況の診断ではなく、学習者が現在持っている英語運用能力を、到達度として総合的に測定している。

　以下では、TOEFL® iBT の speaking と writing の形式を紹介する。

試験内容

〈発話セクション〉
　① 自由発話（…について述べなさい。）
　② 二者択一型自由発話（立場Aと立場Bの主張を挙げ、あなたの賛同する立場を、理由とともに述べなさい。）
　③ キャンパス場面（寮生活、掲示、相談など）を想定した、読解・聴解・発話
　④ 学術場面（教養教育やセミナー）を想定した、読解・聴解・発話
　⑤ キャンパス場面を想定した、長い聴解と発話
　⑥ 学術場面を想定した、長い聴解と発話

〈作文セクション〉
　① 学術場面（教養教育やセミナー）を想定した、読解・聴解・作文
　② 自由作文、あるいは二者択一型作文

試験時間

〈読解・聴解・発話の統合技能試験〉
　① 150語前後の読解課題を、45秒で読む。
　② 次に読解課題に関連した会話や講義を、2分前後聴く。
　③ 最後に、それぞれの関連性を明確化しながら、口頭で要約する。解答時間は1分である。

〈読解・聴解・作文の統合技能試験〉
　① 300 語程度の読解課題を、3 分で読む。
　② 次に読解課題に関連した会話や講義を、2 分前後聴く。
　③ 最後に、それぞれの関連性を明確化しながら、文章で要約する。
　　解答時間は 20 分である。

〈聴解・発話の統合技能試験〉
　① 3 分前後の会話、または講義を聴く。
　② 解答時間は 1 分間で、第三者に分かるように口頭で要約を述べ、その
　　上で、自分の考えを述べることを求められる場合もある。

3.　どのように技能を統合するか

　この節では、技能を段階的に統合していく概略を述べる。英語が生活言語
ではない日本では、目標言語への接触量と接触頻度が少ないため、授業で中
心的に扱う技能を、二つか最大三つ程度に統制しながら、徐々に学習を進め
ていくことになる。それぞれの技能に対する時間配分は、一コマの授業時間
中は同等が望ましいが、一単元、あるいは一学期の、全授業時間に対する比
率が均等となるように導入する（図 2–4 参照）。なお、クラスサイズは、20
名程度が効果的である。

① **聞くと話す**（小学校段階後半から高等学校段階まで）
　会話（やり取り）は、聴解と発話技能から構成されていて、話題や展開の
予測能力が含まれる。
　　・小学校後半から中学校段階は、定型表現を用いたやり取りを練習する。
　　・高等学校段階前半では、会話や、読み上げられた数段落の素材を、聴解
　　　した上で、口頭で内容をまとめたり、意見を述べたりする。
　　・高等学校段階後半では、まとまりのある文章、講義や講演などの一方向
　　　に話される音声を聞き、要約や意見表明を行う。

② **発話（会話）と聴解や読解**（中学校段階後半から高等学校段階）
・会話をしながら、聴解・読解素材に関する主題について、背景知識の活性化を行う。
・主題に対する意見や感想を、学習者間で発話する。
・発話で活性化した知識を基にして、自分や会話相手の考え方と対比させながら、聴解や読解を行う。

③ **聴解と発話や作文**（高等学校段階前半）
・まとまりのある文章や会話を素材として聞き、主題とキーワードを把握してメモを取ったり、情報を整理・要約したりする。
・その後、聴解素材を基にして見解を作文する。それを口頭で「発表」しても良い。

④ **読解と発話や作文**（高等学校段階前半）
・読解素材の内容を理解して、素材中や選択肢問題の表現を使ったり、言い換えたりしながら要約して、考えを口頭または筆答でまとめる。
・書いた文章を口頭で「発表」しても良い。

⑤ **読解・聴解・発話や作文、聴解・読解・発話や作文**（高等学校段階後半）
この学習指導は、4技能がある程度安定した生徒を対象にして行う。
・主題、キーワード、例や論拠、概要と詳細、事実と見解、背景知識などを総合的に把握して、読解（聴解）、さらに素材と関連する聴解（読解）を行う。
・読解と聴解の内容を、関連付けながら要約した上で、自分の立場や見解を、発話や作文で展開する。

⑥ **自由発話や自由作文、それらへの応答や検討**（高等学校段階後半）
これは、最も高度な技能である。発表語彙としての英語の表現形式が、十分に定着していない中学校段階や高等学校段階前半では、無理に行わない。

日本語から直訳して誤ったり、文法が不完全であったり、表現自体が見つからずに、膨大な時間を費しても、学習効果は期待できないためである。

・口頭発表や討論を取り入れた授業では、あらかじめ準備してきた原稿を発表・配布する。
・それに対して、発話や文章で自由に意見を表明したり、質疑応答を行ったりする。

4. 統合技能の学習指導

　統合技能の指導は、複数の技能を円滑に違和感なく組み合わせて活用することが基本である。技能は、相補的に作用するため（図2–1参照）、一つの技能に特化した授業を行うことは避ける。読解の授業でも適宜聴解、発話、作文のいずれかを活動に取り入れて、学習者に技能を統合する機会を豊富に提供することを心掛ける。

　遵守しなければならない点として、技能の導入には段階性がある。

・音声（聞く・話す）から、文字（読む・書く）へ移行。
・発話技能指導は、定型表現の定着を目的とした口頭練習中心から自由発話へ移行。
・作文技能指導は、高等学校段階以降に導入し、制御作文から自由作文へと、しだいに発展していく。

4.1. 学習段階に合わせた統合方法

　挑戦、応用、発展を目的として、難解、複雑、未知の素材を用いた活動で、段階から飛躍することは、学習者の不安要因が急上昇して、学習効果はあまり見られない。ことばの学習において、「応用」や「発展」は、学習者が未習の言語知識を大量に含むこととなり、理解困難な状態に陥ってしまうためである。

　具体的には、時間軸に沿って、以下のとおり展開させていく。

① 【小学校前半】英語音声を聞く。
② 【小学校後半】聞いて発音する。
③ 【小学校後半以降】聞いて話す（会話）。
　　（聞いて文字を見る。十分に見慣れてから、少しずつ書いてみる。）
④ 【中学校】聞いてから文字列を読む。
⑤ 【中学校】文字列を読んで、発音する。
⑥ 【中学校】文字列を書く。
⑦ 【高等学校前半】聴解の上で話す・書く。
⑧ 【高等学校前半】読解の上で話す・書く。
⑨ 【高等学校後半】聞いてから関連内容を読み、話す・書く。
⑩ 【高等学校後半】読んでから関連内容を聞き、話す・書く。

　こうした段階性を逸脱しない形で技能を統合することが、統合技能能力育成の大前提である。統合技能の学習指導では、学習者と教師のやり取りの中で、背景知識と言語知識を活性化させて、活動をとおして英語を獲得させることを目指している。
　その原理原則は次のとおりである。

・語彙と文法は、技能をとおして学び、聴覚と視覚から等しく入力することによって定着を図り、安定化させる。
・理解と表出の機会を設定して、授業と教材全体で表現形式に繰り返しふれることで、受容語彙と発表語彙を定着させる。必要に応じて、どのような日本語の表現に相当するのかを解説する。
・学習者の、語彙と文法の獲得状況に合わせて、技能を統合した活動の量と時間配分を調整する。
・各段階に応じて、指導での統合方法（技能の組み合わせ方）を変化させていく。

4.2. 統合技能の校種別概要

　統合技能指導は、高等学校段階以降で本格的に導入する。まとまりのある文章で構成された、聴解や読解素材の理解に基づいて、発話や作文に発展させていく。その過程では、やり取りをとおして、背景知識や表現を活性化させる準備・確認活動を必ず丁寧に行う。

　高等学校では、長文解釈と語法が指導の中心とされ、生徒自身が発表語彙を培って、表出する機会は非常に限られてきた。生徒に表出を促すには、まず、教師が表出できることが前提となるため、「英語の授業を英語で」展開することが求められた。

　しかし、最終的には、生徒は教師が発する英語の受信者ではなく、生徒自らが表出可能となることを目標とする。理解技能だけに傾斜していては、どれほど時間を費やしても、話す・書くことができるようには、決してならない。可能な限り、一コマの授業時間中であっても、理解技能と表出技能の時間配分は同等を目指す。表出技能については、録音や電子機器への入力、CALL を取り入れるなど、全ての生徒が表出活動を行うことができるように、指導技術を工夫しなければならない。

4.2.1. 中学校段階後半

① 会話による、語彙と文法の練習
　・語彙と文法の説明や、活動方法の指示には日本語を交える。
　・教師は、生徒の発話のニュアンス（伝えようとしていること）に相当した、英語表現を示しながら、やり取りを継続させていく。
② 聴解または読解前の指導
　・聴解や読解素材で使用される、語彙と文法の練習。
　・背景知識の活性化を目的とした質疑応答。
③ 聴解または読解中の指導
　・主題把握や、特定の情報検索も練習しながら、聴解や読解を行う。
④ 聴解または読解後の指導
　・活動で使用した素材の、内容確認の問題を解く。

第 4 章　統合技能の概説　85

　・語彙と文法を解説して、練習問題を解く。
　・確認問題を使用しながら、内容に関する簡単な会話を取り入れる。
⑤　会話（聴解と発話）を中心とした活動

4.2.2.　高等学校段階前半
①　会話や、聴解による語彙と文法の練習
②　中学校段階と同様の流れで、聴解や読解
　・聴解や読解で使用する、素材内容の目的や立場の予測、素材の主題
　　（テーマ）と重要なポイント（例や論拠）の把握。
　・キーワードや強調表現を手掛かりとして、主題や情報の重要度を判別
　　して理解する。
　・重要な情報の分類と整理、事実と見解の的確な把握、話し手の意図を
　　解釈する。
　・情報の関連性の把握（下位区分、反例、対比や比較、原因と結果、仮
　　説と結論、時間の経過、変化、並列、利点と欠点など）。
　・聴解と読解を統合する場合は、それぞれの素材内容を関連付ける。特
　　に表現形式には、既習事項からの大幅な逸脱がないように配慮する。
③　発話、短い作文（制御作文）による表出練習
　・選択肢問題を有効活用する（正解の選択肢に加えて、誤りの選択肢を
　　訂正しながら、要約や内容の正しい把握を促す）。
　・自分の意見や、感想を簡潔に表明する。

4.2.3.　高等学校段階後半
①　会話
　・素材のテーマに対する意見を、根拠を示しながら表明、ロールプレ
　　イ、聴解の上での発話活動。
②　上述の流れで読解
③　会話、聴解や読解の上で、テーマ別の作文（要約や自由作文）
　・要約をしながらの表出では、聴解と読解素材の内容を忠実に反映させ

る。自分の意見や見解、立場を混在させて、素材の意味や事実を改変しない。

・素材で示された情報を網羅する。

・原文の表現を多用して、そのまま模写（copy & paste）しない。

　そのためには、以下の技術を指導する。

　　　同意語、類義語、反意語への変換

　　　動詞は句動詞や熟語表現へ変換、構文の変換

　　　説明や定義文を使用（英英辞書を参照する）

5.　英語母語話者教師に期待されること

　英語母語話者教師は、英会話クラスを担当したり、定期的に訪問指導を実施したりしている。しかし、発音の披露者、会話の相手、一時的な活動の牽引役などでは、十分に母語話者としての実力は発揮されていない。せっかくの機会であるから、英語母語話者が持つ言語知識を引き出して、日本人教師では、対応することが難しい表出技能の学習指導に、積極的に参画してもらうことを提案したい。

　特に、高等学校から本格化する統合技能の学習指導では、聴解・読解素材を基にして要約した上で、意見や見解を述べる活動が入ってくる。統合技能の初期段階では、練習問題の選択肢や、付属教材の用法・用例を活用することで対応可能であるが、段階が進み自由度が高い活動では、生徒がさまざまな英語を表出するようになる。そのため、日本人教師は、生徒のあらゆる反応を想定し、膨大な時間をかけて授業の準備をしなければならない。一方、英語母語話者教師は、即座に生徒の段階に合わせた適切な表現を教示できるため、非常に心強い。

　日本人教師は理解確認と問題提起、表現能力向上に向けた表出活動は英語母語話者教師、訂正・修正の説明や解説は日本人教師、のように協力しながら協働授業を展開すると、効果的かつ効率的である。こうした授業は、生徒は勿論のこと、日常的に表出の場面が少ない日本人教師にとっても、英語力

の維持や、意欲向上への絶好の機会となる。

　英語母語話者教師には、独立した英会話クラスを任せて、他の日本人教師による授業とは、関連性がない学校も少なくはない。英語母語話者教師は、指導に干渉されることを嫌がる、授業の治外法権を主張する、などと聞くことがある。

　採用時に、学校の教育方針や、授業運営方法等を十分に説明し、話し合い、お互いが納得の上で教壇に立つことが、衝突の回避につながる。同じ教育者である以上、かれらと「コミュニケーションを志向」し、ともに責任を持って英語教育に携わることが、生徒、学校、社会との信頼関係を醸成していくことではないであろうか。

6.　学習指導要領と統合型の技能指導

　学習指導要領は、如何なる国民を、どのように育成するかを規定した国の方針と理解している。時代によって変遷していくものであるが、時々の英知が結集された指針であると確信している。

　2020年度から施行される学習指導要領の中心課題は、「知識・技能」を培い、「思考力・判断力・表現力」を育成すること、と掲げられている。その具体化を図る英語コア・カリキュラムでは、言語知識を言語技能で定着させる、音声指導が中核を担う、技能は統合型を目指す、とされている。

　英語科において、「思考力・判断力・表現力」の育成には、聴解や読解を基にして、発話や作文が可能となる統合技能の能力を培う、それを支えていく「知識・技能」は、表現能力を技能をとおして獲得させていくことであろう。

　今後、学習指導要領を具現するための、方法論や細部の技巧、当面注力する技能領域には、諸説、理論からの示唆が活発に論議され、より良い提案が成されていくことが希望される。本書は、教授学習理論を学術的見地から構築して考察を深めることを意図していて、日本の英語教育の現在と、将来に寄与する可能性の一つを提起したものと信じたい。

資料　一貫性のある技能学習指導に向けたカリキュラム設計

● 聞くこと

	会話（やり取り）	文章理解	
入門		**ボトムアップ処理** 音素 音節 単語	
初級	定型表現 基本的な構文	句 節 文	主題把握 出来事の移り変わり 内容の予測
中級	話の展開 口語体	**トップダウン処理** 背景知識の活性化 因果関係 論理構成 （主題文、定義文、言い換え方法）	概要の把握 細部の把握
上級	低頻度語彙を含む 自然な口語体	指示の理解 問題解決	

第 4 章 統合技能の概説 89

● **話すこと**

	会話（やり取り）	文章表出（発表）
入門		
	ボトムアップ処理	
	音素	
	音節	
	単語	
	句	
初級	定型表現　　　　　　　　節	
	基本的な構文　　　　　　文	
中級		
	トップダウン処理	
	背景知識の活性化と話題の充実	
	因果関係の明確な提示	
	論理構成（主題文、定義文、言い換え方法）	
		細部（論拠や例）の提示
		出来事の移り変わり
		要旨・要約の発話
上級	低頻度語彙を含む	主題の明確な提示
	自然な口語体	
	的確な指示	
	問題解決	

● 読むこと

	表現・文法面		構成面
入門		**ボトムアップ処理**	
		文字	
		つづり	
		単語	
初級		句	
	定型表現	節	主題把握
	基本的な構文	文	出来事の移り変わり
			内容の予測、話の展開
			概要の把握
			細部の理解
中級		**トップダウン処理**	
		背景知識の活性化	
		因果関係	
		論理構成（主題文、定義文、言い換え方法）	
上級	構文解析技術		要旨・要約と本文の対比
	未知語の類推		
	低頻度語彙		
	複雑な文		
		指示の理解	
		問題解決	

第4章　統合技能の概説　91

● 書くこと

	表現・文法面	構成面
入門	**ボトムアップ処理** 文字	
初級	つづり 単語 句 節 文 定型表現、語彙の拡充 基本的な構文	主題の明確な提示 出来事の移り変わりの把握
中級	**トップダウン処理** 背景知識の活性化と話題の充実 因果関係の明確な提示 論理構成（主題文、定義文、言い換え方法）	
上級	低頻度語彙を含む 自然な文語体 的確な文章 問題解決	細部（論拠や例）の提示 要旨・要約の作成

第 5 章

小学校段階の教育実践

遵守項目

　小学生には、与えられた刺激が無意識のうちに、感覚運動器官や脳に定着する特性が見られる。そのため、この年齢域の学習者に対しては、正確に学習対象を教示し、自然な獲得を促すことが大切である。また、小学生は、感覚的、生理的、本能的、直感的、感情的に行動するため、前向きな気持ちとなれるように学習を導いていく。

　小学校段階の英語教育では、その効果や影響が潜在化して一生残るため、学習年齢に合致した素材を用いること、学習指導順序を必ず守り、技能の段階移行を穏やかに行うことが、なによりも重要な観点となる。

- 英語の子音と母音、音節、強勢、抑揚を正しく教示する。
- アメリカ一般発音（GA）か容認発音（RP）を一貫して用いる。
- 聞き取れる分量にして、速度は人為的に「遅く」しない。
- 訛りや歪みを含んだ発音に、接触させることは極力避ける。
- 日本語の音声で代用する習慣を形成してしまうので、カタカナルビは絶対に使用しない。
- 語順、冠詞や代名詞、動詞の形式など、文法要素は正しく発音する。
- 性急な読む活動は、重大な影響を及ぼすため、音声指導を確実に行う。
- 適切な段階に到達する前に、文字を導入すると、鏡文字を書く児童が多数出現する。中学校段階では、鏡文字の発生は限定的であることから、早期教育による弊害は深刻である。
- 児童は、好き・嫌い、快・不快、楽しい・つまらない、など生理的に対象を判断する。また、中学年くらいまでは、防衛本能による拒絶が強いため、雰囲気作りには気を配ることを心掛ける。

重点的指導内容

音声	文字	語彙	文法	運用
◎	× → △	◎	△	△

はじめに

　小学校に英語を導入することは、荒れ狂う大海原へ、無邪気な子どもたちを乗せての船出を意味している。なぜならば、児童特有の、非常に難しい諸課題を含むためである。未知のことばの海で、安全に舵を切るためには、中学生以降では問題とならない、認知発達上の特徴に対する、きめ細かな配慮が必要となる。

　子どもを海外の学校へ通わせると、初めは無言で、話し手の顔をじっと見つめている期間が長く続く。これは、生得的な言語習得装置の名残りと解釈されている。

　乳児は、話者の音声（聴覚信号）と、口の動き（視覚信号）を脳内で一致させて、自らの聴覚器官と調音器官を無意識に調整していく。外国語に接触した児童も、同様の認知処理を行っていると考えられている。そのため、児童への外国語教育では、聞く・話す活動を同時に行うのではなく、聞く経験を先行させて、話す練習は後から導入することが、円滑に実施するための基礎・基本となる。

　小学生の発育を知り、英語を熟知した上での教育が絶対条件であるが、必要となる英語運用能力を備えた人材の確保など、その道は前途多難である。この章では、小学校段階の英語教育で留意するべき観点をまとめたい。

1.　小学校段階における認知発達の重要性

　小学校英語教育では、発達途上にある児童の感覚運動器官や、認知機能、心理面に対する十分な配慮と、思慮深い慎重さが求められる。

　教員養成課程では、必修とされる認知心理学、発達心理学、学習心理学、教育心理学の知見は、教育の根幹を成すものであり、児童・生徒の学習を促進する上で、必要不可欠な観点を与える履修科目である。これらの学問が示唆する数々の留意点は、学術的根拠を示すものであるから、真摯に傾聴するべきであり、今後も、教育の道標となり得る知識が提供される。

1.1. 小学生と認知発達

　小学校段階の英語教育導入への批判として、「自我の確立」や「日本語能力への影響」が紙面を賑わせた。思考は母語によって育まれるため、母語が未発達な状態で外国語を学ぶべきではないとする、教育評論家たちの主張である。しかし、賛否両論がある中で、科学的な実証研究に裏打ちされた提案は見当たらない。児童の限られた貴重な学習時間を、英語学習へ振り向ける教育的意義は、結局のところ未だに不明である。

　多くの保護者が感じているように、子どもには「知らず知らずのうちに身につく」傾向がある。そして「好き嫌いで行動する」ことも確かである。特に、文明は進歩しても、小学生は心身ともに発達の過渡期であることを見失うことなく、こうした心と精神（脳）の特徴を、教育効果へと着実に帰結させる実践を、確立していかなければならない。

表 5-1　認知発達段階

感覚運動期（0〜2歳）
・感覚と運動が、直接結び付いている時期。
・本能的で、思考や意図はなく、感覚的、反射的、生理的に行動する。
・動作と結果に興味を持つようになり、動作が異なると結果も異なってくることに気付き始め、出来事の相互関係の認識が芽生えてくる。

⇓

前操作期（2〜7歳）
・空間的・時間的制約が強く、自分の目の前にある、実物に基づいた思考をする。
・量、質、形の認識は、見かけに影響される。
・模倣中心の学習を行う。
・系統立てた分類や、並べ替えは苦手である。
・他者の視点に立った理解ができず、自己中心性の特徴を持つ。

⇓

第 5 章　小学校段階の教育実践　97

具体的操作期（7～12歳）

・具体物であれば、目の前に存在していなくても、ある程度推測して、思考することができるようになる。

・空想的・仮想的な推測は難しい。

・具体的な場面、文脈、状況に基づく理解が可能となる。

・数や量、長さや重さ、体積、空間や時間などの概念が成立する。

・コミュニケーションに必要な、他人の心理状況が推量できるようになってくる。

⇓

形式的操作期（12歳以降）

・実際に物体を動かしてみたり、目で見て確認をしたりしなくても、規則を適用して、形式的、抽象的操作が可能になる。

・論理的に筋道を立てた、仮説演繹的思考ができるようになる。

・空想的・仮想的な事柄についても、推論ができるようになる。

・対象の類似と相違を、客観的に観察・分析して判断し、説明することができるようになる。

1.2.　他者とのかかわりと「心の理論」

　指導方法、授業活動を準備する際に、考慮に入れる重要な観点には、認知発達における「心の理論」がある。心の理論とは、他人にも自分と同じように感情があり、行動していることを認識できる能力を指す。

　認知発達段階は、自己中心思考から、他者を意識した思考形態へ移行していく。初期の段階では、独り言などを伴う「ごっこ遊び」があり、少しずつ「他」の存在を認識するようになる。

　小学生は学年を上がるごとに、他人を意識して気持ちを察し、共感をしたり、他人が他の人をどう思っているのかを、推量したりすることができるようになる。これは、「視点」が複雑になっていく発達であり、言語と思考の成長と並行していて、対人関係を築く重要な知見である。

【低学年】自分の感情を表現するためのことば
　　　　　「私は、あの先生が好きだ。」
【中学年】自分に向けられた、他人の心理を表現
　　　　　「先生は、私を好きなようだ。」
【高学年】他人が他者を、どのように感じているのか
　　　　　「先生は、ケン君を好きなようだ。」

　コミュニケーション能力と、場面や状況に合わせた的確な言語使用能力は、心の理論の発達と深くかかわっている。これは、母語発達過程で生じる現象であり、国語教育に留まらず、小学校英語教育で言語活動を行う上では、配慮すべきことである。
　たとえば、六年生では、英語によるペアワークやグループ学習は多少成立するが、年齢が下がると心の理論が未発達なため、日本語で遊び始める傾向にある。これは、相手となにをしているのか、学習の意味が分からないことが原因であり、適した学年で導入する。

1.3.　認知発達と中学校入学試験

　外国語学習と一口に言っても、大学生が学ぶ初修（第二）外国語と、小学生の外国語学習とは決定的に異なっている。形式的操作期を経て、認知発達が完了する中学校二年生以降の学習者は、新しい音声、文字、意味を、客観的な対象として同時に処理していくことができるが、具体的操作期にある小学生には不可能である。
　さらに、小学生は与えられた言語刺激を、無意識に定着させていく発達段階であることにも、注意が必要である。この看過することのできない点をおさえずに、大人と同じ学習指導方法を子どもたちに施すことは、厳に慎むべきである。単に「文法指導を先延ばし」にすれば、解決できる簡単な事案ではなく、音声、文字とつづり、語彙と構造、運用の指導全体にかかわる、重大な問題が内包されている。発達途上にある子どもにとって最適な、制度設計、教授法、教材・教具、評価法を考案することが急務である。

心配な事柄として、日常的な評価と試験、中学校入学試験での英語科目の扱いである。口頭試験では、児童の性格が影響してしまう。筆答試験では、文字認識が不安定であったり、鏡文字を書く児童は、多大な不利益を被る。通常の、あるいは少しゆっくりと発達している、具体的操作期にある児童には、試験問題を解読することができずに意味を成さない。

このように、発達途上にある児童が拒絶される事態は、今始まったことではない。大人の心理心情を尋ねる国語や、方程式に近い算数の問題などは、形式的操作期が進んだ、早熟の「天才」を選抜するものとしか思えない。英語の試験が、こうした現状に拍車をかけないことを願ってやまない。

中学校受験では、生物学的な認知発達段階が大きく影響する。これは、遺伝子レベルで制御されていて、それを早めようなどと、保護者や教師が介入することはできない。合格して成功したかの神童も、不合格となった普通の子どもも、双方に、形式的操作期以降のひたむきな努力が、人生を左右することになる。そのため、中学校入学試験の結果が、将来の可能性を約束するものではないことに安堵したい。

1.4. 小学校英語教育で解決すべき「問い」

小学校段階の英語教育では、指導者の確保が喫緊の課題となっている。解決策として、「英語が話せる」社会人や、多国籍の外国人の登用が広がっている。そうした教員の発音や英語の正確さには、注意を払うゆとりはないのが現状である。

小学生には、教示される発音や用法・用例が、無意識に脳内に定着していくため、英語を正確に話すことのできる教員確保に向けて、至急対策が必要である。児童がさらされる言語刺激の質を高め、潜在的に持っている学習能力を引き出す、教育実践に向けた体制は整っているのであろうか。

児童英語教室からの報告では、トンガ人や香港人などの英語使用者を教師に迎えた結果、かれらの話す訛りが児童に定着して、聞き取りに影響し、後の発音の矯正が難しくなったとのことである。また、構音障害がある英語母語話者教師を採用した結果、t が全て ts と発音されて、児童の文法に歪みが

生じてしまったという。さらには、担任教師の日本人訛りは、日本語の音声体系と区別がつかないため、児童には日本語の授業の延長のように感じられて、英語の音声学習には全くなっておらず、教育効果が完全に失われてしまったとも指摘されている。非母語話者、母語話者の方言や個別性、日本人発音などを客観的にとらえて、完全に区別することができるのは、高等学校以上の段階である。小学校段階の英語教育では、アメリカ一般発音（GA）か容認発音（RP）で構成された、教材・教具を一貫して用いることが最重要となり、教師もこの発音から逸脱しないことを心掛ける。

　緊急措置として、中学校英語科教員が支援に当たる状況も増えている。小学生と中学生とでは、認知発達段階が異なっていることを、十分に理解した上での指導が望まれる。そのためには、小学校教員との緊密な情報交換や実践演習、研修などの機会を整備して、双方の理解促進を積極的に図る必要性が高まっている。専門職としての、小学校英語教員養成課程の教育内容の充実と、拡充が遅れているのが現状である。

2.　聞く活動

　小学校段階の英語教育では、音声学習が中心となる。英語の音声体系に慣れ、その後に少しずつ、自らも類似した音を発音する学習を進めていくことにより、英語学習の素地を培うことができる。指導では、無意識に音声を知覚して発音する年齢域であるため、英語母語話者の間で汎用性が高い発音を、一貫して用いることが大切である。

2.1.　英語発音をたくさん聞く

　入門期には、児童の年齢に合った、英語音声を積極的に聞く習慣を付ける。読み聞かせ、歌、テレビ番組、やり取りなど、男女を問わず子どもや大人の英語母語話者の標準的な発音を聞くことにより、音素（子音と母音）、音節、単語や句、文レベルの音声特徴に慣れることを目標とする。音声素材への積極的な接触によって、言語への感覚的な適応力が、無意識に培われて

いくと考えられている（本章 7.2. 参照）。

　入門期である初期の段階では、児童に発音させる指導は行わない。言語病理学によると、英語音声を受信するための、聴覚器官を調整することが先決であり、正確な聞き分けができていない段階で、発音学習を開始することは、非常に不適切であることが常識とされている。

　なぜならば、自分の発音の正確さを担保していくのは、自分の発音を聞く自らの耳であり、英語音声を受信する聴覚器官の識別機能が完成されていなければ、この調整が不可能、あるいは不完全であるためである。

2.2.　日本語にはない音

　日本語と英語とでは、言語を構成する音素が異なる部分がある（第8章 1.3. 参照）。母音は、日本語が5つに対し、英語は20程度と細分化されていて、日本人にとって聞き分けと発音は難しい。子音にも、日本語には存在しないものや、類似していても異なるものがある。

　こうした音素に対して、児童は感覚的に音の違いを認識して、聴覚器官が自動調整されていく。そのため、母語や、別の音素の干渉や転移が起きないような、教材・教具の採択と、指導者の養成が必要となる。日本語発音、外国人訛りや歪んだ発音は、児童の聴覚器官の正しい設定に支障をきたすので、接触させない注意が必要である。子どもは、入力される音を無意識に定着させるため、英語母語話者間で汎用性が高いアメリカ一般発音（GA）か容認発音（RP）を用いることが、なによりも重要なのである。

2.3.　日本語にはない響き

　日本語は高低（橋、端、箸）の言語である一方、強弱の音声特徴を持つ英語では、単語、句、文レベルになると、音声の弱化、脱落、変化が頻繁に発生する（第8章 1.2. 参照）。こうした音声特徴は、やがて英語独特の息継ぎ方法、呼吸法を生み出す（第8章 1.3.4. 参照）。

　日本語は基本的に、子音の後に母音が続いて音節を構成しており、聞き間違いは発生しにくい比較的安定した発音体系である。これは、仮名文字表記

として具現化されている。一方、英語は、子音で単語が終止し、次の単語も子音で始まることが多いので、子音連続が多く、不安定さが増すと音韻論では分析されている。その結果、母語話者、非母語話者の双方に、聞き誤りが生じやすい。

これに類似した現象は、テレビやラジオ番組などで「空耳」として、面白く紹介されている。英単語間の取違ではなく、日本語音声の近似性から、児童は空耳を敏感に見つけて音遊びを始める。

How much? は「はまち」、Do you know me? は「ド湯呑」、Check it out. は「チャカラ」、I'll show you. は「アヒル醤油」、What can I see? は「稚内市」など、枚挙にいとまがない。

児童は、日本語語彙も音声から習得中であり、英語と日本語を混ぜて騒ぎ出すので、その豊かな感性を生かしつつも、英語音声への注意・注目を促して、正しい表現形式の確実な定着を図っていく。

2.4. リズム

英語独自の強弱の音声特徴、リズムを教示する方法として、メトロノームや、不謹慎なことではあるが、木魚などで強い部分を際立たせる手法が広まっている。しかし、誤った個所で叩いたり、余計にポクポクと叩きすぎたりする実践が多いので、注意が求められる。

ドゥー　ユー　ライク　アーーポー
●　　　●　　●　　●　●　●

Do you like apples?
●　　　　　●

カタカナで表記した発音例は、等間隔で平らに音声が並ぶ日本語式の話し方である。こうした教示は、日本語の音声体系を転移させて児童の脳に刷り込み、英語の強弱を示していない点で、不適切な教授法である。なぜならば、児童は日本語と英語の音声特徴を無意識に同一化してしまい（第8章

第 5 章　小学校段階の教育実践　103

1.4. 参照）、聞き取りだけではなく、発音にも影響を及ぼすからである。

2.5.　チャンツ

　音楽や歌を活用したチャンツも注目を集めている。発祥はジャズ・チャンツであるが、現在はジャズに限らず、音楽にのせて英語の句や文を聞いたり、発音したりする活動の総称が「チャンツ」となっている。

　この活動の留意点は、日本語の歌で考えてみれば理由は簡単である。日本語の歌を聞く時には、特に子どもは、語彙よりもリズムやメロディを優先して聞いているので、歌詞はきちんと聞いていない傾向がある。音楽の専門家からの次の指摘は興味深い。

　たとえば、童謡の「赤い靴」の歌詞で、「異人さんに連れられて行っちゃった」の「異人さん」を、「いい爺さん」とか、「ひい爺さん」と思っていたという子どもは非常に多いという。メロディに合わせて理解しているため、歌詞の単語が聞き取りにくくなる典型例である。こうした、音楽を用いることに起因する聞き誤りは、チャンツでは頻繁に発生する。

　さらに、英語の歌詞は、一音符に複数の音節や単語がのる一方、日本語はほぼ一文字、さらには長音である。こうした日本語と英語の音声特徴と、ことばのかかわりについては、たとえば、「蛍の光」で、楽譜上の日本語と英語歌詞を比較検討した調査が散見される。弱化、脱落、変化が引き起こす洋楽独特の音回しが生まれて、日本語の歌とは異なる響きを生み出す。

　発音をするときも、歌と話すとでは特性が異なる。歌うときは、メロディに引きずられるので、話すときとは違うアクセント、抑揚やリズム、区切り方で発音する。歌は単に話し言葉の音声特徴を、そのまま反映させているわけではないことに注意しなければならない。

　過度に音楽による教示に傾斜しすぎることは、無意識に刷り込まれる影響が強く、音声言語学習の意義が失われてしまう恐れがある。音楽に反映されるこのような特徴は、具体的操作期にあっては、感覚的にとらえられる児童と、あまり感じ取れない児童とがいる。歌の活用は、英語の音声特徴を体感するきっかけを与える機会と位置付け、教材での常態化した頻繁な出現に

は、節度がある対応が求められる。

3. 話す活動

　小学校段階では、英語の音声を聞くことに十分慣れてから、発音学習を開始する。児童は、聞いた音声を模倣して忠実に発音する能力が高いが、聞き分け能力が不安定な状態では、混乱を引き起こして、歪んだ発音や日本語の発音となってしまう。児童が持つ鋭敏な発音能力を発揮させていくためには、聞く活動が十分に先行してから発音練習を始める。この順序性を遵守することは極めて重要で、くれぐれも入門期に、聞くことと話すことを同時に教示することは、避けなければならない。

3.1. 耳が慣れてから発音練習を開始する

　調音器官は、聴覚を基にして制御を行っていく。正しく発音するためには、正確な聞き取り・聞き分け能力が、備わっていることが前提である。「聞いて発音する」ことは、聴覚器官が安定してから導入する。日本の環境下では、外国語である英語の音声を聞く機会は限られており、入門期の授業では、聞く時間を重点的に充実させる。

　言語病理学の研究によると、外国語の発音を誤る児童は、聞く時間が不足した結果であると報告されている。正確な聞き分けができていないまま、発音学習に入ったため、聴覚による発音矯正が不可能な状態になっていると分析、診断されている。

　外国語の場合は、母語の音声刺激とは異なり、日常的に外国語の音声刺激にふれることはないため、意図的に音声学習をしない限り、聴覚器官は自動調整されることはない。そのため、英語学習の入門期や初級段階においては、母語話者の間で汎用性が高い、アメリカ一般発音（GA）か容認発音（RP）で、単語や句の音声を十分に聞くことが大切である。発音学習は、聞く活動を始めて最低でも、10カ月から1年後、ある程度の時間が経過してから、開始することが最善と臨床研究からも提唱されている。

3.2. 音声連続が導く自然な定型表現

　小学校段階の英語教育では、音声連続体としての定型表現（句、文）を豊富に学習していく。定型表現は、複数の単語から構成されているが、ひとまとまりで発音される傾向がある。教師は、単語一つ一つを、切り刻みにして模範発音を教示するのではなく、自然な流れで発音された模範音声を積極的に聞かせる。自然な話され方を聞くことにより、意味と音声の結び付けを促進する効果が期待される。

　児童に対する外国語の指導では、音声連続を十分に聞いて慣れてから、発音学習に移行していく。定型表現を構成する単語に対する説明は、対象の理解が可能となる認知発達段階（五年生くらい）に到達するまで、辛抱強く待つことになる。

　英語を用いたやり取りでは、日本語でそれを行ったとしても、有意味な会話であることが望ましい。近親、風貌、能力、経済状態などについて話題にすることは、どの段階においても教育的な配慮が求められる。例文を用いた言語使用では、軽率なことばは、コミュニケーションや児童の心に大きな影を落とすからである。

　かつて小学校の模擬授業で、教師が児童に示した、次のような会話練習文を聞いたことがある。

　　ドゥー　ユー　ライク　ファーーーザアー
　　イエース　ヒー　イズ　ゴリラ　イエーイ!!!!

　音声面では、rと1を含む gorilla は、vanilla 同様に、強勢位置を含めて、日本人が正確に発音することは最難関レベルである。そして、この文は非文法的である。不適切な内容を日本語発音で、間違った文法を用いて教示することは、児童にとって非常に有害と言わざるを得ない。こうした手探りの在り方を、一刻も早く解決するためにも、信頼性の高い教科書を用いた指導が緊急に必要である。児童の感覚運動器官や脳機能に、悪影響を及ぼすことのない音声指導を要望する。

4. 文字とつづりの学習指導

　アルファベットの学習は、最大限の注意が必要である。新しい文字体系は、大人にとっては難なく認識することができるが、発達途上の児童には非常に難しい学習対象である。文字導入のタイミングを誤ると、音韻面や形状認識で混乱をきたして、失読症に似た状況を作り出してしまうことが、各地の教育機関から報告されている。

4.1. 文字の背後にある音

　文字は、時空を超えて意味内容を保持するために、人間が作り出した記号体系である。生得的な習得は困難で、後天的な学習が必要である。

　文字体系には、一字一字は意味を持たず、当該言語の発音を表記した表音文字と、一定の意味を形状化した表意文字がある。英語は音素（子音と母音）まで表記し、日本語の仮名は、音節単位を表す。山は、仮名では「やま」、アルファベットでは「yama」と表記される。

　文字は、音声言語を基盤として作られている。基本的に文字は、当該言語の音声体系を反映して書かれていくため、文字列を読み上げれば、音声言語となる。つまり、文字の後ろには、必ず音声が存在していて、表裏一体の関係にある。

　形式的操作期に入っている、15歳以上になると、対象を客観的、分析的に認識できるようになるので、新奇の文字体系に新しい音声をのせて、外国語を学習することが可能となる。しかし、具体的操作期にある児童は、こうした認知発達段階に到達していないため、初めて目にする文字連続と、英語の音声を一致させながら同時に学習していくことは、極めて困難を強いることになる。

　このような年齢要因から、音声識別が不安定なまま文字を学ぶことによって、鏡文字が発生する可能性を誘引する。鏡文字は、音素に対して誤った文字を付与する音韻（聴覚面）、または、音声識別は正しいが、形状（視覚面）に原因があることが判明しているからである。小学生に対しては、学習対象

第 5 章　小学校段階の教育実践　107

の外国語の音声体系を脳内に整えてから、その音を見えるようにした文字へと、段階をふんで移行していく。

　この観点は、中学校から外国語を学習し始めていた時には、あまり問題とはならなかった。しかし、小学校段階の英語教育では、早期教育に熱心な保護者や、教師の知識不足に起因した文字学習の弊害を生み出している。

4.2.　フォニックス活用のタイミング

　文字・つづりと発音を結び付ける手法に、フォニックスがある。フォニックスは、英語圏で学齢期の子どもが、音声で習得した母語である英語（do、go、no、so、to）を、読み書きするための橋渡しとして、数年をかけて指導するための方法の総称である。

　英語圏では、親和的な雰囲気の中、複数の教師が子どもの発達段階に合わせて、読み書きを温かく指導している。前操作期から、具体的操作期にある児童は、規則による体系的な説明を理解することが難しいため、これほど手厚く慎重に、フォニックスを活用していかなければ、十分な教育効果は得られないと認識されている。

　そのため、音声体系を、規則によって文字に結合させていくフォニックスの手法は、規則性を理解することができる子どもには適用が可能であるが、ゆっくりと認知発達をしていく子どもに援用することは、不適切な指導方法である。フォニックスは、英語母語話者が、英語圏で活用するための指導法であることには注意が必要である。児童にとって、音声体系すら身についていない新しい外国語を、文字とともに学習することは、想定されてはいないのである。

　しかし、日本では小学校段階で、教師中心の説明型一斉授業として、フォニックスで教示することが用いられている。本来の活用方法とは大きく異なっていて、子どもの状態と指導の丁寧さに関しては、英語圏よりも大幅に劣っている。フォニックスは、英語音声に慣れ、規則で音声と文字を理解することができる年齢域の、中学校段階で活用することが最も効果的である。

　「フォニックスは、英語圏の小学校で用いられているので、日本でも小学

校で指導する」という短絡的な言説は、他国の指導方法だけを精査せずに持ち込み、児童の認知発達と言語知識、言語環境を全くふまえていない思慮に欠けた発想である。児童への危険な影響を真摯に考慮すべきであり、再考が求められる実践である。

4.3. つづりを見る意味

英語音声に十分慣れて、アルファベットの形を、ある程度認識できるようになった段階で、つづりの学習を始める。ただし、英語のつづりには規則性が乏しく、児童が正確に認識できるかは認知的に見て疑問である。

たとえば、apple 一つをとってみても、なぜ二つ p、最後に e があるのか不思議で分からない。リンゴは、このようなつづりとなる、と見て覚えていくことになる。

つづりを見て、正しく発音することができるか、さらには、読み上げることができるようになるかは、音声言語への豊富な接触量が必要となる。小学校段階の英語教育では、音声による理解と表出が中心であり、本格的な読み書きは、中学校段階以降での中心課題となる。

小学校段階で文字に執着すると、カタカナ表記を行い、日本語の音声が干渉と転移を起こして、これまで培ってきた音声学習の全てが無と化してしまう。また、単語テストでつづりを書かせることも、多くの児童は頻繁に間違える。そのため、文字とつづりの学習によって、劣等感が植え付けられ、授業が苦痛な時間となり、英語が「嫌い」になる大きな要因の一つとなる。

4.4. 書写活動

文字や文字列を書き写す書写活動は、音声に慣れ、文字にも見慣れた後の高学年で開始する。形状認識を安定化させる目的で、必ず4線ノートを用いる。線幅が狭くて、うまく線と線の間におさめて書くことができない児童は多いので、初めは、線と線の間に十分な幅があるノート、あるいは自作の教材が適している。

書写活動は、授業時間を静粛に消化することができるので、多用される傾

向が見られる。英語科目には、習字の時間とは異なる授業目標があるため、音や意味を伴わずに書き写していては、言語学習として有意義な時間とはならない。そのため、機械的な単純作業の活動となってしまい、学習効果が少ないことが報告されている。

たとえば、類似した例として、国語科で「海」を十回書く練習に対して、読み方や意味を伴わずに、「氵」を先に十回書き、その後「毎」を横に書き加える児童がいる。英語のアルファベットや、つづり、句を書写する活動においても同様の行動が見られる。

4.5.　鏡文字頻発の事態

鏡文字とは、bとd、gとq、**し**とJのように、文字を鏡に映したように表記する現象である。さらに、bとp、fとt、mとw、nとuのように反転させたりもする。たとえば、bed が deb や ped、dog が boq となる。

文字導入による副作用として、音声では問題なく活動をこなしてきた子どもたちが、文字を学び始めてしばらくすると、鏡文字を書き始める事態が、多数報告されている。

鏡文字は、母語、外国語、さらには点字を問わず、発達途上の学習者に現れる現象で、年齢が上がることによって、対象文字への接触量が増え、徐々に減少していく傾向がある。中学校一年生では、一クラスに数名程度の生徒が鏡文字を書いていたが、小学生では、クラスの3割から半分程度に出現する可能性があるとされている。

鏡文字が出てしまうと、脳内の空間表象が修復されるまでに、かなりの英語への接触量が必要となる。鏡文字を書いたことに、児童自身では気が付かないので、教師が指摘を続けていくことになるが、治るまでに数年を要する。こうした学習者は、せっかく書いた文字を、常に間違いとして指摘されて叱られるので、書くことを避け、英語自体が嫌いになってしまう。そのため、克服に必要な英語への接触量が不足して、悪循環に陥っていく。

鏡文字が修正されないまま、時間が経過してしまうと、形状認識が不安定な状態で鏡文字が化石化して、最悪の場合は完治しなくなってしまう。大文

字と小文字を混乱させるなど、こうした高校生が顕在化、増加する傾向にあり、不幸なことに「学習障害」とみなされている。このように、想定される困難性を誘引する指導は、教育機関において、決してあってはならないことである。

したがって、文字を正確に書くことは、中学校段階で本格的に手厚く行い、小学校段階では音声中心、文字に見慣れる程度を目指すことが、大多数の児童にとっては安全であり賢明と思われる。欲張って書くことまでを求めると、失読症に類似した状態に陥り、非常に深刻な事態を招いている。児童の認知発達段階を逸脱すると、その代償は取返しがつかないため、学習者の将来を守る責任を持った、節度ある教育実践が求められる。

4.6. ローマ字表記の学習

小学校三年生になると、「英語で自分の名前を書いてみよう」とローマ字が指導される。厳密には、アルファベットという別の種類の文字体系を用いて、文字列を書くことを意味している。しかし、ローマ字は、日本語の音声体系をアルファベット表記したものであり、英語とは呼べない。英語の音声特徴（f, l, r, th など）は反映されず、子音連続も原則的に発生しない。猫（キャット；cat）は、ローマ字では kyatto になってしまう。

ローマ字の指導に当たっては、日本語の音声をアルファベットで書いていることに、注意・注目を促す必要がある。英語学習上、混乱要因となるので、ローマ字学習には否定的な意見も少なくはない。苦い経験を持つ世代も多いことと思う。ただし、日本語音声をとおして、アルファベットという新しい文字体系を学ぶ機会ではある。「英語の時間にローマ字を教える」ことは、国語と英語の混同であり、中学年の児童にとっては、日本語と英語が区別できなくなり、文字学習全体でつまずきの要因となる。

国語科では、「日常使われている簡単な単語について、ローマ字で表記されたものを読み、また、ローマ字で書くこと」を、学習の目標に掲げている。国語の時間にローマ字を、英語の時間には、英語のつづりをアルファベットで見る、と区別して指導を行うことが肝要である。

5. 教材・教具の活用法

　小学校英語教育に適した、教材・教具の開発は途上にある。検定教科書が完成したばかりであり、今後さまざまな改訂が加えられていくと思われる。教材・教具を指導に使用するに当たっての、留意点をまとめておきたい。

5.1. 音声面

　本書で繰り返し述べてきたとおり、児童に提供する発音は、アメリカ一般発音（GA）か容認発音（RP）のいずれかとし、ネット上などから検索してきた、さまざまな英語話者の「自然な」発音は、児童の混乱要因となるため、素材として使用しないことが安全である。

　入門期は、外国語の音声刺激に対して、聴覚器官を整えていく大切な段階にあり、速度と音質への配慮が必要となる。特に小学生は、脳と感覚器官が学習した知識ではなく、無意識に自動的な調整を行うので、最大限の注意を払う。速度は、人為的に遅くすることは行わず、鮮明な発音を自然な速さで聞く。再生回数は数回ほど、聞き取れる量に合わせて臨機応変に行う。音質は、再生周波数帯の広い、良質な音響機器を推奨する。チャンツによる発音の乱れには十分な注意を払う。

　英語音声に対する聴覚器官が確立した後に、発音練習を開始する。ただし、聞く時間が不足している場合は、無理に話す学習は行わない。模範発音と、自らの発音の違いが認識できずに、歪んだ発音に陥っていく可能性が高まるためである。

　発音の自学自習が可能な場合は、以下の練習を1サイクルとして、必要な回数を行う（『外国語音声の認知メカニズム』176頁）。

　自分の声を吹き込む → 模範発音を聞く → 自分の声を吹き込む → 模範発音を聞く

5.2. 表現面

　高学年に入った段階で、コミュニケーションで使用可能な表現形式を、音声連続体として身につけていく。文化的に自然な場面で、単語や句の学習、簡単な質問と応答などをとおして、基礎的な口頭練習を行う。機械的、ドリル的にならないように変化をつけながら、児童が使いたくなる有意味な状況を豊富に設定することにより、発話を誘導する。

5.3. 文字とつづり

　文字とつづりは、音声定着後に見て慣れることが先決である。絵を含めた視覚教材を活用して、形状認識能力を培っていく。公立小学校では、授業時間や指導体制の制約などを考慮すると、児童への負荷が高い、つづりの暗記と書かせる試験は控え、音声学習を充実させる。これらは、中学校段階で行うことが望ましい。

　十分アルファベットに見慣れた段階で、4線ノートを用いて、形状認識能力を安定させる。丁寧に注意を払って書くことによって、確実に文字の形を身につけることを目的とする。

6. 指導上の留意点

　最後に、本章で述べてきた留意点を整理する。小学生は、対象を客観的にとらえて取捨選択をすることができない、認知発達の途上にあることが、最大の注意すべき点である。

　時間割編成上、可能であれば、英語を一コマで集中的に学習するのではなく、毎日あるいは、数日間に短時間で学ぶ分散練習（第3章3.1.参照）が効果的である。

6.1. 音声

　音声指導は極めて重要である。小学校英語教育は、音声で授業が成立していると言っても過言ではない。発音記号から導入する方法は、規則で整理し

て理解する思考段階にある大人の発想であり、全く段階性を逸脱した不適切な指導方法である。

　また、カタカナなどの日本語の音声体系で、英語音声を代用する習慣を形成しないような、細心の注意が必要である。児童へは、日本語式発音や非英語母語話者の訛り、方言や構音障害を伴う音声や誤文には、接触させてはならない。感覚器官への影響を考慮すれば、アメリカ一般発音（GA）か容認発音（RP）による、信頼のできる教材・教具で授業を進め、教師自身も正確に発音する。

6.2.　文字

　文字が導入されると、学習が遅滞、後退する児童は少なくない。今まで問題なくできていたはずの、句や文などの定型表現を知覚する機能が崩れていく。それは、具体的操作期にある児童には、文字認識の認知的な負荷が非常に高いためである。文字の使用、特に書かせることは高学年までは控え、集中的に言語音声に十分な注意を向けさせることが大切である。

　認知発達の個人差から、見ることによって感覚的に文字をとらえられる児童と、そうではない児童がいて、一律に文字指導を展開することには無理が生ずる。ローマ字との混乱や、音声と一致しないつづりの誤りが頻出し、学習意欲の低下が懸念される。

　文字と音を、同時に処理することが困難な児童に対して、読み上げ活動、音読させる指導は行わない。母語である国語でも、音読がうまくできない児童が見かけられるのであるから、異種の文字を読ませることは、さらなる苦痛と障壁を児童に与えかねない。ましてや、カタカナ表記の素材を読み上げさせることは、英語音声学習上、深刻な弊害を伴う。

　文字とつづりの誤りは、中学校段階で英語を書く時間や量が増えるに従って、少しずつ減少していくと言われている。しかし、文字を過度に読み書きさせる活動の結果、文字の形状が正しく認識することができない、失読症に似た症状を示す児童が多数現れる。対応策が見つからないまま放置され、中学校段階以降までも完治しないため、被害を与え続けることになる。

文字導入は、音が安定してから文字列に見慣れる、十分見慣れてから書き写す、といった順序性を守り、穏やかに進めていく。発達途上にある小学生にとって、文字学習は非常に危険を伴う怖い対象であることを、大人は熟知していなければならない。

6.3. 語彙

Picture books などを最大限に活用して、いろいろな語彙を示す。具体的に教具や道具を使用しながら、現実の出来事を中心にして、形容詞、名詞や動詞にふれる機会を提供する。

仮定や空想の出来事、紙の上に整理された表や箇条書きなどを素材にしても、この段階では理解をすることが難しい。また、単語に特化した復唱や反復練習は、運用には転化されないので最低限とする。コミュニケーションに活用することができる、英語母語話者が実際に用いる、文化的に自然で有意味な音声連続体としての表現形式を、豊富に提供する。

6.4. 構造

認知発達段階から考慮しても、文法規則の明示的な説明は行わない。発達的にみて、抽象的な文法解説を理解することは困難である。そのため、会話の中で、各種の構文（否定文や疑問文などを含む）を、定型表現として少しずつ定着させていく。

たとえば、Do you like＿＿？　I don't like＿＿．などの形式は、分析的に教えるのではなく、決まった表現形式として音声で導入し、文法的な説明は中学校で行う。

また、教師は、冠詞を脱落させないように発音に注意を払う。基本的な構造や言語特徴、特に動詞の用法は、児童に正確に定着させる。名詞の前には、必ず冠詞の音がある、あるいは、複数形や三人称・単数・現在形の音が単語の最後に付くことを、無意識に音をとおして学習させていく。児童は、文法の誤りに気付かずに、そのまま吸収し、脳内に非文法的な規則が形成されて定着していくので、教師は正しい英語を常に教示しなければならない。

6.5. 運用

　親和的な雰囲気作りに努め、児童に合った授業運営、具体的で理解容易な指導を展開する。中学校段階以降で推奨されている、ペアワークやグループ学習は、認知発達上この段階の児童には、会話や練習活動の意図が伝わらずに、日本語で「おしゃべり」を始める可能性が高い。叱責する教師も見受けられるが、教師に注意を向けさせる工夫を心掛ける。

　無理に「発表」を強要することは適切ではない。暗記の強制や、意味を理解していないままでの英語活動、カタカナを読み上げる「発表」「劇」は、英語音声学習上、敏感な感覚運動器官の働きをそこなうため行わない。

　ことばは、音声と意味を正しく認知することから始まる。そのため、入門期からの運用・表出活動は慎重に扱い、文脈や状況に沿った、簡潔な定型表現の定着を図る。機械的な定型表現の暗記・暗唱は、児童へのストレスに反して、その場限りで全く英語力とはならない。

　初級段階で、限られた学習時間の中では、発表は希望者に限定し、全員に対して強制はしない。発表のための時間は、教師と児童のやり取りなど、別の活動を充実させることを推奨する。

7.　子どもを取り巻く言語環境―ヨーロッパの状況

　小学校段階を含めて英語教育では、ヨーロッパの複数言語を運用する状況を引き合いに出して、教育効果と方法論が推奨されることがある。その根拠として、バイリンガリズム研究の結果だけを一人歩きさせて、日本の教育現場に混乱をもたらす原因を誘引している。

　また、日本とは異なる言語環境を考慮することなく、教育制度の模倣が学界から提案されてきた。ここでは、その背景としているヨーロッパの、複数の教育機関や、研究教育者たちから得た情報を著したい。

7.1.　母語話者が話す音声への接触

　多民族間のつながりが深いヨーロッパでは、バイリンガル（二言語話者）

の認知的効能を獲得させる目的で、子どもへの外国語教育が盛んになっている。授業では、学習対象言語の音声に慣れ親しむことに徹している。感覚的に音声にふれた経験を持っていると、後に本格的な学習指導を始める際に、円滑であると報告されているためである。

　指導を行うのは、複数の母語話者である。外国語の指導者は「母語話者でなければならない」、非母語話者は「音声学を徹底的に学んでから、間接的にかかわるべき」とさえ言われている。このようにヨーロッパでは、母語話者による発音の重要性が認識され、出身国が異なる多数の母語話者が身近に生活しており、責任を持って積極的に外国語教育に参画している。

　一方、日本では言語環境は異なり、西洋言語の母語話者教師は少ないため、ヨーロッパと同等の指導者確保が困難である。こうした事情から、同じような効能を得ることができるのかは、未知数である。

7.2.　日常的な言語接触の大切さ

　ヨーロッパでは、外国語運用能力を高めるためには、日常的に目標言語に接触する意義と、必要性が唱えられている。

　北欧の人々は、英語運用能力が高いと、しばしば称賛される。その理由は、日常生活の中で周囲に英語が溢れているためであると指摘されている。テレビ、ラジオ、映画、音楽、ネットなど、メディアから絶えることなく英語が流れている。年齢に合った英語に継続的にふれている結果として、聴覚器官が適応し、調音コントロールが調整されていく。言語を形作るのは音刺激であり、音声言語への接触頻度と豊富な量が決定的なのである。

　社会に英語が氾濫する在り方には、賛否両論があるが、北欧では、知らず知らずのうちに英語を受容する素地が作られている。その上に、英語教員には、さらに手厚い専門教育を施し厚遇で迎えるため、結果として高度な教育が展開可能となっている。地理的にも英語圏に近いので、自然に英語運用能力を鍛えられる利点もある。

　戦後の日本が、アメリカ英語を日常生活に取り入れて、身近に聞く機会に恵まれていれば、事情は類似していたかもしれないが、言語環境は北欧とは

全く異なっている。さらに、日本語には、すべての教科教育や学問領域に対応することもできる、豊かな語彙が存在している。そのため、英語への依存度は低い。「フィンランドの教育制度」を推奨して模倣することによって、日本人の英語力向上を図ろうとする試みは、日本では、荒唐無稽で実現不可能な幻想であろう。

7.3. 二言語使用と脳の活性化

　バイリンガルが示す、認知機能の優位性に関する心理学研究も、ヨーロッパでは注目を集めている。バイリンガルは、注意・注目能力が優れているため正確度が高く、創造性に富み、複数の観点から物事をとらえられると、実験的に確認されている。

　複数言語を司ることによって、言語刺激に対する神経経路が複雑に形成され、脳機能が変化して柔軟性が向上する。同時に、複数言語処理に伴う認知負荷を解消するメカニズムが発達していくと、脳神経科学から報告されている。こうした特徴は、言語だけではなく、さまざまな感覚運動刺激に対する繊細な反応として、生かされていくという。

　たとえば、日本語と英語を習得するバイリンガルは、日英の異なる環境下に身を置くことで、聴覚や視覚は勿論のこと、嗅覚、味覚、触覚（光、風、空気、水など）を発達させていく。このことから、一言語使用者よりも、必然的に豊かな刺激に、感覚運動器官が接触することになる。

　また、ヨーロッパでは、老化防止、認知症予防、脳の活性化を目的として、中高年に外国語学習を促す試みも盛んになっている。新しい人々と出会い、学び得た外国語で交流する活動は、大きな刺激となるであろうことは想像できる。

　ただし、こうした効果の判断に当たっては、日常的に複数言語を聞き、話し、使用していることが前提条件とされていることには、十分な注意を払わなければならない。あくまでも、人間どうしのコミュニケーションの手段として、継続的に外国語を運用していなければならないのである。訳しながら読むことや、一方向で受動的に聞いているだけでは、脳の若さを保つことに

はならないらしい。

国際化が進む日本では、中国語や朝鮮語を始めとするアジア言語の母語話者と身近に交流する機会に恵まれている。年齢を問わず、意欲しだいで、外国語は決して無縁なものではないはずである。

7.4. 意味理解の位置付け

子どもに、外国語を意味が分からないまま聞かせ続けることに対して、ヨーロッパでは賛否両論がある。

賛成の立場では、子どもに与えられる言語刺激は、現実世界の出来事ではなく、視聴覚教材（歌やお話など）の中で起こっていることなので、外国語の話の展開を、何となく雰囲気でつかめば良いとしている。意味理解を伴わなくても、無意識に聞いた言語の音声特徴に慣れておけば十分とする、オーディオ・リンガリズム教授法の一つの主張である。

子ども自身は、意味が分からずに、外国語のテレビアニメの歌を無邪気に一緒に歌っていることがあるが、この経験が、外国語の音声特性に無意識に接触するきっかけを与え、本格的な学習開始に当たって有効であるとされている。しかし、子どもに外国語のテレビを見せ続けていても、その言語は習得されない。音声に慣れ親しんだ後は、その言語を用いた相互作用が不可欠であると、学術研究から結論付けられている。

また、音声特徴や文法形式が類似した言語をいろいろと与えると、これらが混成したり、子どもの脳が全て遮断して、結局はなにも残らないという影響も確認されている。日本で子どもに、英語に加えてドイツ語、中国語、朝鮮語などの歌やアニメを無作為に見せた結果、これらの言語音声に対する感覚が養われるかは不明である。

慎重な立場からは、積極的な教育効果を高めるためには、聞く対象の意味確認は必要としている。中等学校（secondary school）では、聴解や読解の前に、表現形式や文法事項を確認することが勧められている。これは、意味の理解を促すためである。初等学校（primary school）でも、聞く素材に使われる表現と意味を、聞いた後に何らかの方法で、意味内容を問いかけるこ

とを勧めている。

　日本の小学生は、「意味が分からないまま歌ってヘンだ」「ガイジンに話し続けられても、なにが何だか分からないからイヤだ」と、頻繁に不平不満を漏らしている。特に、高学年になると、少しずつ批判的思考が芽生えてくるため、素材や活動が幼稚であったり、意図が分からない練習に対しては、参加を拒む自我が現れるようになってくる。改善されない場合は、登校拒否の原因ともなり得る。

　「挑戦してみよう」と未習の英語の文や文章を聞かせる授業では、児童は意味を理解することができないと、聞くことを早々と放棄してしまう。その結果、後から教師が与える、日本語訳だけに依存する習慣が形成され、英語学習の意義は失われてしまう。音声と意味が結び付けられて初めて、音声言語は成立するのである。

7.5.　母語能力の低下と喪失

　英語圏へ移住して、英語中心の生活を送っていると、母語の言語知識と言語運用が影響を受ける現象が、多数報告されている。その度合いには個人差が存在するが、こうした「言語喪失」の事例は、ヨーロッパでは一般的に見られることである。バイリンガルの子どもは、学校で日常的に使用されている接触量の多い言語に傾斜していく。

　9歳前後の子どもを、英語圏の学校へ通わせる場合は、母語である日本語が習得途上であることに、十分な注意が必要となる。両方の言語が不完全な状態で固定化したり、混成したりするためである。

　脳と感覚運動器官は、活性化される言語に対して、処理過程が最適化されるので、使用しない言語は優先度が下がり、徐々に潜在記憶に保存されていくことになる。大人の場合は、留学や海外赴任で、完全に日本語を使用しない期間が続くと、とっさに、適切な表現が出てこない状態になる。しかし、帰国して数日後には、流暢であったはずの外国語が急速に減退していくことは、海外で暮らした経験がある人は、実感していることと思われる。

第6章

中学校段階の教育実践

遵守項目

　中学生になると、外部から入力された刺激や情報を、客観的にとらえ始める。原理や仕組みを、筋道を立てて思考することが可能となり、自らが納得した上で学習対象を身につけていく。発音方法、文法規則、異文化、学習方法など、図や映像、ことばによる説明を理解して、知識を活用することができるようになる。記憶力は生涯の中で一番高く、感覚運動器官の柔軟性も最高期を迎え、音声学習には最適な年齢域となる。

　また、思春期特有の心理から、目立つことや、違和感のある活動は、拒絶するようになるため、個別学習と協働学習を上手に併用して、青年心理学的側面に配慮した教育を展開していく。

- 単語は勿論のこと、句や文レベルの発音（音声変化）を正しく指導する。
- 聴覚教材は、アメリカ一般発音（GA）か容認発音（RP）を用いる。
- 再生速度は、人為的に操作しない。
- スマートフォンや、パソコンソフトを使用して、聞き取りや発音の自学自習を促す。
- 既習の単語と文法を、できるだけ活動に盛り込む。
- 語順、句構造規則は、徹底して指導する。
- 文法形式を、自然な用法・用例とともに教示する。
- 英語に関する情報を提供して、異文化への興味関心を高める工夫をする。
- 交友関係に配慮した、雰囲気作りに努める。

重点的指導内容

音声	文字	語彙	文法	運用
◎	◎	◎	◎	○

はじめに

　かつて英語は、中学校入学とともに学習が始まり、期待と不安が入り交じる科目であった。しかし現在は、小学校から教科として導入され、小学校段階で生じた、言語面や心理面のさまざまな課題が、教室へ無秩序に持ち込まれてくることとなった。

　中学生は、子どもから青年へと、心身ともに成長を続けていく段階に入る。感情のコントロールや、ことばで思いや考えを説明することは、未熟な発達途上である。そのため、突然攻撃的になったり反抗的に振る舞ったり、会話を一方的に打ち切って無視を始めたりと、感情の起伏が激しい。精神的に不安定な時期で、ホルモンバランスの変化に伴う独特の特徴を持っている。英語授業で頻繁に用いられるペアワーク、グループ学習、発表などでは、こうした青年心理学的側面への配慮が肝要となる。

　この章では、小学校段階の英語教育を引き継ぎ、効果的な学習を進めていくための提案を行いたい。

1.　聞いて話す活動

　小学校段階で英語音声に慣れ、発音の基礎を学んできたので、引き続き聞く・話す活動をとおして、文構造の基礎・基本を定着させる。音声学習によって語彙と文法の力を培っていく。

1.1.　句や文の聞き取り

　会話を中心とした活動や、数文から構成された文章を聞く。音声を流すときには、教科書を閉じる、文字列を追う、復唱する、などの複数の方法を、生徒の段階や学習目標に応じて変化させる。

　速度と音質は、小学校段階に準じて、通常の速度のアメリカ一般発音（GA）か容認発音（RP）を用いる。老若男女、方言、非母語話者の発話など、さまざまな英語話者の音声への対応は、中学生にはまだ難しい段階にあ

る。外国語音声を受信する聴覚器官が、完全には形成されていないためである。ネット上から入手してきた音源を用いる際には、発音や音質面に十分な注意を払う必要がある。

　聴解素材に対する、単語や句レベルの書き取り活動は、聞き間違いや音声変化などを、明確にさせる上で有効である。生徒の誤りに基づいて、英語の音声特徴に注意・注目を促す最適な手法である。

1.2.　高頻度語彙と文法形式の学習

　中学校段階では、頻度の高い基礎語彙を定着させ、文法用語とともに形式を一通り網羅することが、学習指導の中心となる。既習の語彙、用法・用例を言語活動に盛り込みながら、言語知識を着実に累積していく。

　認知科学では、聞く・話すことによって、表現形式を音声化する過程を経て、記憶への定着が高まると考えられている。人間言語は、脳内で音韻符号化されていくので、聴覚・調音器官を経由させる学習は効果的である。このことは、単語テストや文法試験の前に、生徒自身や、友人どうしで声に出して繰り返している様子（rehearsal）からも例証される。

　数学や理科が好きな理系の学習者は、文法規則を適用して文を理解・表出する文法訳読法方式は、思考法が似ていることから得意である。しかし、この方法で読むことはできるが、公式に数字を代入するように、文法規則に単語を挿入する方式は、必ずしも自然な言語表出には至らない。

1.3.　発音記号と発音方法の振り返り

　英語音声（子音・母音）の違いを、客観的に理解する方法は、発音記号を学び、調音コントロール（発音の仕方）の知識を得ることである。また、フォニックスを援用した、つづり規則の理解も効果的である。小学校段階で英語の音声に慣れ、ある程度の発音ができるようになっていれば、こうした学習の意義が高まる。

　英語母音の聞こえが、何となく違うと感じていた敏感な学習者は、発音記号表記を見ることで納得をする。模範発音と、自分の発音が違っていると感

じている学習者は、発音方法を図解や映像を見ながら聞くことによって、調音動作が知識から理解できる年齢域である。

　従来の英語教育では、教科書の文字列を見ながら、新しい音声を聞いて発音し、文法項目の加速的な学習指導が同時に行われてきた。そのため、音声的な特徴に注意を払って注目をする時間的なゆとりはなく、発音指導は後回し、あるいは除外された。

　しかし、小学校段階の英語教育で、音声が重視されて手厚く扱われるため、こうした音声中心の教育実践を継続していくために、中学校では、大幅な授業改善が図られるものと思われる。今後は、自律学習を促し、聞く・話すことが苦手な学習者が減少することを期待したい。

1.4.　授業設計上の注意点

　聴解指導を開始する場合、音声教材の再生を突然始め、聞き取りを指示しても効果は薄い。教師は、聴解活動の前には、なにについて聞くのか、どのような作業を行うのか、どの部分を聞き取るのかなど、活動内容についてのヒントを与え、英語、または日本語で趣旨や焦点をきめ細かく明示する。

　初級段階の指導の時間比率は、読解や作文の時間よりも、聞き取りと口頭練習の機会を多く提供することによって、基本的な音声処理能力を培うことを目標とする。さまざまな種類の活動（タスク）を用いたり、聴解と発話技能とを連動させたりして、授業に変化を持たせる。この段階の音声学習では、聞き取れることへの高揚する達成感を経験させることが、なによりも大切であると、動機・意欲・態度の研究から指摘されている。

　会話を用いた活動では、定型表現、基本的な語彙と文法を定着させる。「自由に」聴解と発話を行うことは混乱のもととなるため、あらかじめ用意した表現と「型」を用いることを徹底する。学習段階が進めば、相手の発話が理解できなかった場合の援助の求め方、対処するための方策、表現方法も指導する。教師が指示に用いる英語（教室英語）は、単語、句レベルに留まらず、定型表現を含む短文の指示文を積極的に用いる。

　数文から構成された文章の聞き取りでは、分からない部分であきらめてし

まわないように、主題、概要、意図の把握を中心として、情報への注意・注目の方法を指導する。内容については、短文の応答、yes-no、agree-disagree、複数の選択肢から選ぶなど、質疑応答を口頭で行う。教師の英語による発問を聞くことも、聴解活動の一環である。

中学校段階では、短い文が連続する読み上げを聞くことをとおして、文章の聞き取りに少しずつ慣れていく。会話のための聞き取り活動を中心に行い、会話文を徐々に長くしていくことによって、記憶システムの容量を効率化して、音声から意味へ至る言語理解処理の円滑化を図る。こうした基礎・基本を完成させて、まとまりのある文章の聴解へと移行していく。この段階では、音声中心の、文字に頼りすぎない指導を展開するため、教師は、英語を正確な発音で教示することを心掛ける。

中学校一年生は、聴解をとおして理解のための表現形式（受容語彙）の獲得と、文法の学習を開始したばかりである。表出可能な表現（発表語彙）が乏しいため、単語や句が応答の中心となる。発表語彙は、受容語彙がある程度記憶に安定してから獲得されていくため、この段階では運用可能な語彙数がかなり限定されている。

発話を試みても、「えーと」「うーん」などと、日本語を用いて間が長く、繰り返しが多く何度も言い直す。単語や句で、何とか答えることはできても、文を作る課題は時期尚早となる。こうした状況に生徒はあるため、指導の中心は音声連続体に慣れることと、達成感を持たせながら、使用可能な定型表現を増やすことである。活動では、雰囲気作りに配慮して不安感や羞恥心を取り除き、発話を辛抱強く支援して、聞いて話そうとする姿勢を引き出すことに努める。

発音学習では、生徒が正確な発音を希望する場合には、積極的に指導を行うが、発音することを恥ずかしがったり、ためらったりしている時には、調音動作の知識を提供して自学自習の努力を促し、人前で発表することは強制しない。形式的操作期を迎えた外国語学習者は、正しく発音することができるようになると、聞き取りの正確さが向上するとの音声学研究もあることから、音声面の指導は積極的に行う。

1.5. 初級段階の学習目標と指導技術（聞く・話す）

【目標】
・会話のための聴解能力を培う。
・短文の理解を中心に、発話の準備段階としての聴解能力を獲得させる。
・短いやり取りを中心として、基本的な語彙と文法の定着を目指す。
・数文から構成された、文章の聞き取りに慣れる。

【指導技術】
・語彙と文構造（語順）を定着させるために、活動前と活動後には、必ず補足説明や解説、例示を行う。
・音声面では、音素・音節レベル、単語レベル、強勢の指導を確実に行う。
・文字を追いながら聞く。文字を読んでから聞く。
・単語、句、短文へと応答を拡張していくことにより、翻訳癖を付けずに、聞く・話す習慣を形成していく。
・相手の発話に対する返答方法や、質問方法を工夫するなどの、会話を進めていく方策の基礎を指導する。
・練習問題は、口頭や筆答で、単語や句の空所補充、後続する文のマッチングなどを用いる。
・重要な単語、句、短文の書き取り活動を、段階に合わせて行う。

● 会話のための学習指導方法
・挨拶程度の場面を設定して、模範発音を聞いてから発話を促し、簡単な発表語彙を体得させ、日常会話を行うための基礎を培う。
・簡単な会話を聴解した上で、聞いたモデルを基に、定型表現を用いながら会話を練習する。
　① 会話のパタン（型）を確認するために、やり取りの例を聞く。
　② 使用された表現や会話の流れを、教師が指摘して練習する。
　③ ペアで口頭練習を行う。

・具体物を用いて基本的な表現と文構造を示し、活動前の準備時間を十分に確保しながら、少しずつペアやグループで会話をする。
・空所補充問題を用意して、いくつかの表現や文法を選択肢として設定し、学習者に自由に選ばせて会話を進める。段階的に選択の幅を広げていく。
・TPR（Total Physical Response）、インフォメーション・ギャップ、ドラマやロールプレイ、インタビュー、絵や写真を用いた簡単なやり取りなどの言語活動を取り入れる。
・なにをするのかを明確に示した上で時間を区切り、話し相手をいろいろと変えながら、あらかじめ準備された言語素材（型、定型表現）に従って、やり取りを行う。

● **文章のための聴解学習指導方法**
・葉書文や手紙、メールなどの簡潔な文章の理解を促す。
・重要な表現や、学習目標の文法に注意を向けさせるため、黒板に列挙して整理した上で、音声を聴かせ発音練習を行う。
・高等学校段階に近づいてから、聴解した内容を基にして、キーワードや、主題、要点、内容に関する表現を、単語や句レベルで抜き出して、図表に整理する。
・高等学校段階に近づいてから、聴解や読解の素材に基づいて、自分の立場や考えを、賛成・反対、同意・提案など、簡潔に表明させる。定型表現の定着を目的とした制御発話であり、話題を発展させることを意図した自由発話は行わない。

2. 読む活動

　中学校段階では、徐々に読む活動の比率が増していく。最終的には、複数段落から構成された文章を、最後まで確実に正しく読んで、意味理解ができることを目標としている。言語習得理論の知見によると、円滑な読解の前段階として、読解素材と同程度の長さ（総語数）の文章を、聞き取れるように

なっていることが望ましいとされている。

　子どもへの読み聞かせでも経験しているように、聞いて理解することができた上で、読む行為が始まる。外国語学習においても、「読めれば聞ける」のではなく、逆に「聞けていれば読める」ことが、心理言語学の実験からも示されている。母語、外国語を問わず、読解過程は音声処理能力が前提となって支えて、誘導しているからである。

　日本では、聴解学習の経験を持たない保護者や教育関係者は、「読めなければ、聞けるはずがない」と考えがちであるが、「聞いて理解できないことは、読めない」が、今や世界の常識とされている。

2.1.　音読の役割

　読解に時間を費やす生徒は、少なくはない。

　読解時には、脳内で音声規則と交信しているので、円滑に文字列を音韻符号化することができていないと、解読自体が困難になるため時間がかかる。単語の把握と読解速度の関係については、頻度の高い単語ほど速く正確に読み取れ、つづりの視覚イメージ（第 2 章 2.1.1. 参照）が形成されると、文字列が容易に認識しやすくなる。つづりや単語を構成する、一つ一つの文字に注意を向けて拾い読みをするのではなく、単語や、まとまりを、ひとかたまり（チャンク）として把握できるように、音声をとおして指導する。

　具体的には、教科書を読み上げている、教材付属の CD を活用すると効果的である。この方法は、音声と文字とを結び付け、文字を読み取る解読速度を向上させることを目的としている。練習に当たっては、聞き取る分量と長さ、再生回数、ポーズの位置などは、学習者の解読技術の状況に応じて適宜調整するが、再生速度は操作しない。

　こうした音読は、内容理解としての読解力育成ではないことに、注意しなければならない。内容理解・解釈には、構造、形態、意味、背景知識（語用論的知識や百科事典的知識）が、活性化しなければならない。人間の認知機能は、音読と同時に、これらを活性化させることは、成人であっても非常に困難な作業である。

中学校段階では、一斉練習の音読によって、英語を発音・発話するきっかけを与え、文字解読の速度が向上することが確認されている。しかし、指名しての音読は、学習者への心理的負荷による処理負担が過重にかかり、緊張を極度に高め萎縮させることから、最低限に留める。

表6-1　解読速度向上に向けた練習方法

①　教科書の文字を見ないで、音声を聞く。 ②　音声を聞きながら、教科書の文字列を追っていく。 ③　音声なしで、文字列を追って黙読する。 ④　強勢とイントネーションに、気を付けて音読する。

2.2.　語順と修飾方向の理解

　単語が三つ以上並ぶと、理解困難となる中学生が見受けられる。

　単語間の関係性が分からず、それぞれの単語の意味から推測をして、解釈を進めていこうとしている。これは、品詞と句の理解が伴っていないことに原因がある。ここで問題となるのは、小学校で学習しておくべき国文法の知識不足による、指導の遅滞は深刻である。

　英語は、句の配列順序規則に従って、意味解釈を行う言語であり、一貫して丁寧に語順の指導を行うことが求められる。主部・述部、句のまとまりと境界、名詞句と動詞、前置詞句などは、特に注意が必要である。

　その上で、英語特有の、右から左方向の修飾に慣れていく。この構造は、比較的初期段階から教科書に現れてくるので、十分な注意を払う。こうした後置修飾構造は、名詞句（the man in the park）、不定詞（places to visit）、関係代名詞（the man who is running over there）へと、継続的に発展していく。そのため、日本語との語順の違いを繰り返し指導することによって、つまずきを未然に予防しておかなければならない。英語独自の構造に慣れることが、円滑な読解の基礎となる。

　英語の文章を読む際には、眼球が右から左、下から上へ、比較的頻繁に動くことが、視点追跡技術（視線計測）によって立証されている。こうしたこ

とから、「英語は左から右へ読み進めていけば良い」とする「円滑な読解方策」の言説は、英語母語話者の理解方式とは矛盾している。そのため、正確な英文解釈は保証されていない（第1章1.3.参照）。

2.3. 文章の理解

　文章は、複数の文から構成されている。一文目を理解して、次の文を理解することを繰り返す。その速度と安定性が、読解の円滑さを決定付けることとなる。英文読解は、句の把握と、修飾構造を含めた語順に従った、正確な理解方策によって支えられている。

　初級段階の学習者に対して、単語の意味から漠然と推測させるお座なりの方法は、こうした基礎・基本を疎かにする点で不適切であり、文字列の解読すら難しいつまずきの素地を作ってしまう。目に留まった内容語から、何となく理解したつもりになる方策は、やがて破綻をきたすことになる。

　構造言語である英語の文を、語順に基づいて正確に理解するためには、中学校三年生の読解では、文法訳読法あるいは、構文解析技術の基礎を、具体的に丁寧に指導しなければならない（第1章1.参照）。英語中心の会話活動とは別に、日本語で必ず説明を加えて注意を促すべき、必須の重点学習対象である。この過程を経ることによって初めて、円滑な読解能力は培われていくのである。

2.4. 授業設計上の注意点

　中学校段階の指導では、平易な文章の中から、特定の情報を入手するための読解を扱う。基本的な語彙と文法の指導が中心となってくる。

　中学校三年生後半の指導では、三段落程度の分量の読解を行う。この段階からは、黙読と音声による提示は別個に扱い、音読や心の中のつぶやき読みを少しずつ消していき、黙読による読解速度向上のための指導を行う。内容理解の問題を取り入れて、yes/no から wh 疑問文へ、さらには短いコメントを英語で求めたり、素材内容の展開を予測させたりすることで、発話技能と統合して、技能の拡張性を高める。

2.5. 初級段階の学習目標と指導技術（読む）

【目標】

・文、簡単な文章の内容を、理解するための基礎を培う。

【指導技術】

● **読解素材**

・葉書文などの、短文に慣れる。

・絵や図、その他の視覚情報を手掛かりにして、簡単な記述や、指示文を理解する。

・会話で導入された語彙が用いられた、5文～10文程度の文章を読む。

・類義語や反意語などにより、学習目標以外の表現は既習の語彙と置き換えて、読解素材の語彙を調整しておく。

● **読解方法**

・文字やつづりと、発音の結び付けを促す。

・素材の中から、身近な名前、単語、定型表現を見つけ出して、短く簡単な表現形式にふれる。

・背景知識を活性化させて、内容を予測する基礎的な練習を行う。

・主題の把握が、できるようにする（スキミング）。

・特定の情報を、早く確実に見つけ出す（スキャニング）。

・語順と、意味のまとまりの把握を丁寧に扱う。

・読解素材の内容を表現した絵や、写真を選ぶ。

● **授業設計**

・読解前には、授業で中心的に扱う語彙と文法を、音声で提示する。

・授業で扱う表現や文法を用いた会話練習と、空所補充問題を用いて注意を喚起する。

・読解後は、説明や活動を行いながら、語彙と文法の理解促進を図る。

第 6 章　中学校段階の教育実践　133

・読解素材で使用されていた、語彙や文法の確認問題を解き、その中の語彙
や文法を用いた、簡単なやり取りを行う。

● **表現面**
・活動を工夫して、高頻度語彙に繰り返しふれながら、確実に定着させる。
・読解素材中の目標語彙を含め、脚注（日本語）を設けて理解を促す。
・読解をとおして、活性化された語彙と文法を、文脈の中で確認する。
・キーワードや連語表現を指摘させて、目標の語彙を示し色付けさせる。

3.　書く活動

　文字とつづりの学習では、小学校段階で発生した鏡文字を含む、さまざま
な混乱が生じている可能性が高い。中学校一年次には、丁寧に文字とつづり
を書くことによって、アルファベットの形状認識を安定化させることを第一
とする。高等学校では、鏡文字や大文字・小文字の混乱など、正しい筆記が
できない生徒が増加している。音声のみに傾斜することなく、手書きの時間
を十分に設定することが大切である。

　その後、書き取りや筆答課題により、手書きに慣れていくことで、文字認
識能力の定着を図る。自由に文章を書く段階ではなく、筆記で表現形式を産
み出すことによって、文字による表出を促す。本格的な作文の学習指導は、
高等学校段階以降となる。

3.1.　語彙と文法の知識を定着させる

　会話活動をとおして、語彙と文法の定着を音声から図ってきたが、同様に
書く活動によって発表語彙を獲得する。文字列の認識に十分慣れてから、書
く活動を導入することが鉄則となる。音声活動と電子機器利用が進むと、手
で書く機会が減少するため、中学校二年生以降は、書く時間も意識的に授業
に組み込む学習指導計画が必要となる。

　教師は、カンマやピリオド、大文字と小文字、鏡文字、単語の形状などに

気を配りながら、個別に注意を喚起する。一斉に注意を促しても、生徒ごとに書き方は異なるので、机間巡視により、生徒一人一人に対応する。このことは、生徒と心を通わせる瞬間となる。誤りを放置せずに、直るまで親和的な指導を続けていく。

その上で、つづりや文法の誤りを指摘して修正を求める。読み書き能力を高めていくために、生徒自身で句や文を書くことを、積極的に授業や授業外の課題に取り入れる。自分で見直して誤りを訂正することができるように、気付きの能力を育む。中学校段階では、基本的な語彙と文法の定着のためには、書く指導を疎かにしてはならない。

3.2. 自由作文は、まだ早い

夏休みの英作文課題に、「夏の思い出」「将来の夢」「紹介」「読書感想文」などの、題が課されることがある。真面目な生徒は、和英辞書を駆使して、日本語から英文を一生懸命に作るが、正誤の判断ができないために、語彙と文法の間違いを含んだ作文となる。多くの生徒は数語、あるいは、ローマ字で氏名を記しただけの白紙で提出する。

この状態を「反抗期」と解釈する教師は多いが、著しい段階性の逸脱による、当然の帰結に他ならない。こうした内容を、英語で書くための語彙と文法（発表語彙）を、生徒たちは持ち合わせているのであろうか。これは、なにを目的とした課題で、提出された作文に対して、どのような評価と指導が成されるのか。現行の教科書と、ワークブックを学んだ程度では、時期尚早で到底不可能な活動である。

高等学校段階で詳述するように、自由作文の課題を与える際には、教室で生徒たちに発言を促して、準備活動を行わなければならない。生徒の立場や内容に合わせて、表現するための英語を教師が提供していく。段落構成を意識させながら、作文の全体像を認識させる。中学校では、授業時間の制約上、準備活動を丁寧に行う実践は、難しいのが現状である。既習の語彙と文法の知識を駆使して、数文を話す・書く程度に留めておくことが、生徒の自信を高める教育実践となる。

3.3. 授業設計上の注意点

　中学校段階では、音声と文字の関連付けに、個人差が大きく生じるため、英語を書くことへの学習者の状態は均一ではない。鏡文字を書く生徒も、クラスに必ず存在するはずである。そのため、文字の指導には十分配慮して、きめ細かな個人対応が必要となる。英語の文字とつづりを書く練習をとおして、文字体系に慣れることが先決である。単語、句、文が正しく筆記できるように、長期間にわたり丁寧に確認する。

　音声とつづりを結び付けるためには、つづりを構成する文字数分の、下線を施した誘導型の単語練習、はこ（＿　＿　＿）は効果的である。こうした練習は、boks, bocs, bakus などの、ローマ字の影響を減少させる。ヒントが与えられているため、始めから単語テストを課すよりも、生徒への急激な負担が少ない。

　中学校一年生では、ブロック体の大文字や小文字のアルファベットに慣れることを第一とする。つづりが安定してきてから、基礎的な表現形式と文型の定着を目的とした、単語並べ替えや空所補充問題を扱う。これらは、記号や番号で解答させずに、英語で書かせることで有意義となる。

　文字とつづりの学習状態を十分に確認しながら、音声特徴（弱形、脱落、変化など）の理解を促すため、書き取り練習を取り入れる。定型表現の確実な定着を目的として、葉書や手紙、短文を書くことにより、説明や記述の基礎を培う。

　近年、小学校段階でパソコン操作にローマ字を多用するため、英語のつづりの学習に、弊害が生じていると報告されている。パソコンを使った指導は、文字を筆記していることにはならないため、手書きで練習を続けることが必要不可欠である。

　文字指導の観点からは、学習障害や身体障害により、特段の配慮が求められる場合を除いて、電子機器を用いた、文や文章のやり取りなどの、メール活動を取り入れた授業は慎重に扱う。使用する語彙や文法を限定した、手書きによる制御作文を指導する。

3.4. 初級段階の学習目標と指導技術（書く）

【目標】
・文字とつづりの正確な獲得。
・定型表現を活用して、基本的な語彙と文法の定着を目指し、書こうとする
意欲を引き出す。

【指導技術】
・アルファベット文字の形状に慣れるため、手書きによるブロック体の筆記
を徹底して指導する。
・誘導型筆記練習、空所補充、並べ替え、書き取り、簡単な制御作文を中心
とする活動、語や句、短文を書き取る練習を充実させる。
・定型表現の定着を目的とした制御作文であり、自由作文は行わない。

4. 教材・教具の活用法

　中学校では、決められた検定教科書を、担当教員間で学習内容のばらつき
が出ないように、一定の進度で扱っていくことが一般的である。教師が用意
する活動や、自主教材作成上の注意点をまとめたい。

4.1. 語彙と文法
　学校で指導する英文法は、規則の理解に傾斜しており、その文法が実際に
用いられる自然な用法・用例は、重視されてこなかった。そのため、文法的
には正しくても、英語母語話者は使用しない、不適切な文を大量に生成する
指導を、教科書を用いて図らずも行ってきたことになる。その結果、単語帳
で暗記した単語を、日本語から直訳する形で、機械的に文法規則に挿入する
弊害が英語力の低迷として顕在化した。
　現在、ある文法が自然に用いられる場面、文脈、状況を示し、語彙ととも
に技能をとおして学習する文法書や、教材が広まりつつある。生徒の学習状

況に合わせて、こうした教材の初級段階から中級前段階をうまく活用して、基本的な英語力を培っていくことが、確実な運用能力育成へとつながっていくであろう（第2章2.3. 参照）。

4.2.　やり取りと発表

　会話活動をとおして、基本的な用法・用例を身につけていく。生徒は、教材中の表現形式を選択しながら会話を進める。日本の教科書は、既習の語彙と文法が新しい課で使われない傾向があるので、言語活動に適宜盛り込み、常に既習事項の記憶を活性化させておく。教師は机間巡視を徹底し、生徒の発音や表現面を確認する。生徒たちに発表を披露させることもあるが、その教育効果を考えた上でなければ、限られた時間に発表活動を行っている意味が失われてしまう（第3章2.2. 参照）。

　聞く・発音・話す、音声学習は、パソコンやスマートフォンなどを活用して、聞いて発音する自律学習が推奨される。今後、そのための教材・教具が充実していくものと思われる。

　発音の自学自習が可能な場合は、以下の練習を1サイクルとして、必要な回数を行う（『外国語音声の認知メカニズム』177頁）。

> 　自分の声を吹き込む → 録音された自分の発音を聞く
> → 自分の声を吹き込む → 模範発音を聞く → 自分の声を吹き込む
> → 録音された自分の発音を聞く → 模範発音を聞く

4.3.　読むことと書くこと

　教科書の文章を読むことが中心となるが、現在の教科書は会話に傾斜気味である。話し言葉と書き言葉の文法は、異なっていることが文や文章に反映されておらず、不自然で不十分である（表7–1 参照）。そのため、中学校三年生後半では、数段落程度の文章を読む練習が必要となる。既習の語彙と文法からは逸脱せず、少しずつ読む分量を増加させていく。突然、文章課題を

与えたり、中学生には処理不能な長文を含めることは避け、あらかじめ教師が文に加工を施す。

　既習の語彙と文法の定着を図る目的で、文を書く作業は効果的である。ワークブックなどを利用して、空所補充や部分訳、並べ替え、日本語文に該当する英文を書くなど、あくまでも制御作文に留め、「自由に」書かせる段階ではない。

　今後、一般的となってくる電子テキスト（画面上で読む作業）に対応する手法として、ピリオドで一文ずつ改行し、文構造を際立たせて指導する方法が提案されている。初級段階で取り入れるこの指導では、文が行をまたがることによる構造把握の混乱を低減させることを目的としている。それぞれの文を、音声再生することによって、音と文字の流れをまとまりでとらえ、文単位の連携を図らなければならない。

5.　指導上の留意点

　最後に、本章で述べてきた留意点を整理する。中学生は、認知機能の成熟期に入っていくので、自律学習を含めた個人個人にふさわしい方法によって、飛躍的な学力の伸長が期待できる。そのためには、青年心理学的側面への配慮が必要となる。

5.1.　音声

　英語音声を、意識的に学習する機会を豊富に提供する。特に、音素レベルに留まらず、強勢、リズム、イントネーション、音声変化と弱形に注意して指導を行う。教材の音声は、成人男性や女性が話す低い周波数帯の声が聞き取りやすく、規範的に響くため効果的である。

　中学校段階は、脳神経と感覚運動器官が最も柔軟であり、音声学習には最適な年齢域に入ることから、自学自習を喚起して、聞き取りと発音の定着を積極的に図る。音の違いを認識する中で、しだいに発音記号が意味を成すようになる。再生速度は「遅くする」などの操作を加えず、聞き取ることがで

きる分量を少しずつ長くしていく。また、音声変化や弱形に十分聞き慣れてから、句や文レベルの発音練習を開始する。この過程をふむことによって、発音が「雑」になることを防いでくれる。

思春期特有の心理に配慮して、学習者どうしのペアワーク、グループ学習と個別学習を充実させ、嫌がる生徒に、人前で「発表」させることは控えることが望ましい。

5.2. 文字

小学生に対して、フォニックスが推奨されているが、中学生以降でないと効果は薄い（第5章4.2.参照）。つづりの規則性を意識させる必要が生じたとき、機械的にならないように活用する。

英語では、love - prove、good - school、church - stomach のように、母音や子音連続に複数の発音方法があるため、規則に反した「例外」のつづりによって、生徒を混乱、困惑させないようにしたい。

フォニックスを用いた説明では、音素の発音方法と文字の関係は、うまく導入できる。しかし、規則に基づく分析的な解説に対しては、興味を示す、あるいは苦手な生徒や、理解ができる生徒と全く理解しようとしない生徒が出て、英語の興味・関心に差が生じてくる。そのため、生徒に気付きを促す目的で、短時間、簡潔明瞭に援用する。

中学校段階では、小学校段階で誘発された鏡文字などが頻発するので、長期的に注意しながら、正しいつづりの定着を図る。小学校段階で、正確に音声を学習していれば、日本語の影響を受けたローマ字式つづりの誤りは、格段に減るはずである。大文字と小文字の区別、カンマやピリオドを必ず付ける習慣を形成する。

文字とつづりの指導は即効性がないため、落ち着いて念を入れ、誤りを見過ごすことなく、数年間にわたって生徒と向き合っていくことが肝要である。

5.3. 語彙

名詞句の特性と、動詞の学習には注意が必要である。特に、冠詞、単数・

複数、自動詞と他動詞には注意をして、動詞と名詞、形容詞と名詞、動詞と副詞などの、自然で相性の良い組み合わせを積極的に提供する。教科書で説明された文法規則に、無制限に単語を代入して、不自然で不適切な文を大量に生成する指導は控える。

自主教材では、文脈の中で目標の文法を使い、実際に英語母語話者が使用する自然な文にふれさせ、語彙の用法を練習する。基本的な表現形式を、単語まで刻まずに連続体として定着させていく。

5.4. 構造

中学校では、主語―動詞―目的語の三語以上になると、単語連続が分からない生徒が少なからずいる。文法の概念が欠如しているため、英語の文を、文字や単語の羅列としか認識できていない。名詞や動詞、形容詞や副詞といった、品詞と語順が理解できていないことが原因である。

また、主部と述部、名詞句や前置詞句といった「まとまり・かたまり」（チャンク）を、全く把握することができないことも要因として考えられる。生徒がこうした句構造規則を把握できるか否かで、今後の英語学習の成否が決定付けられる。単語の意味から漠然と推測させる指導は、生徒にとって極めて有害である。

特に、英語特有の頻出構造である後置修飾には、最大限の注意を払う。小学校段階で、音声のまとまりで定型表現が導入されていれば、音声を文字化した段階で、より円滑に指導することができると思われる。つまずきを早期に発見し、基本的な構造の確認を丁寧に行い、英語処理方策の確実な定着を目指す。このことは、構造言語処理の基礎・基本を培う、中学校英語の最重要項目である。

5.5. 運用

中学校段階では、高頻度語彙と文法形式を網羅することが学習の中心となる。そのため、自然で自由な発話とは程遠く、運用を意図したやり取りを目的としたものではない。発話活動は制御発話であるが、場面、文脈、状況

に、適切な表現形式を使った、言語活動（タスク）を適度に取り入れる。高等学校段階以降で、既習の語彙と文法を再構築して、本格的に意思疎通のための英語運用能力を高めていくこととなる。

　指名して人前で発表させる場面では、生徒の青年心理学的側面に十分配慮する。会話文の文法規則を過度に説明する講義型を多用して、単調にならないように留意しなければならない。

第7章
高等学校段階の教育実践

遵守項目

　高校生になると、個人差、英語の学力差が発生している。教師には、指導対象の生徒に合わせた教材選択、補足資料作成、指導方法、課題提示、大学入学試験対策と、次々に支援が求められる。授業は、初級段階から導入する場合や、上級段階まで指導できる場合もある。つまり、高校教師には、中級段階に留まらず、初級段階と上級段階の指導技術、それを支える柔軟な英語力が不可欠となる。

　統合型の技能学習指導は、画一的な訳読に加えて、聞く・話す・読む・書く活動を、組み合わせて展開できなければならない。授業準備に時間を取られ、生徒の反応は想定外の事態も頻発するが、教師は機転と創造性を発揮して、解決を図ることになる。生徒の思考力は日々発達していくため、適切な素材を吟味して、個性を成育する発言によって生徒の向上心を高めることに努め、ともに前向きな気持ちで授業を進めていくことを心掛ける。

- 文章の聞き取りや、読解を指導する。
- 自然な速度で、男性や女性、いろいろな話者の発音素材を用いる。
- やり取りに加え、聞いて話す・書く、読んで話す・書く。
- まとまりのある分量の素材の「聴き方」「読み方」を教示する。
- 素材に使われている表現形式（語彙と文法）を使いながら、「話し方」「書き方」の基礎を体得させる。
- 語順を中心とした構文解析技術を教示し、精読方法を定着させる。
- 思考を伴わない会話中心の稚拙な言語活動は、学習意欲を損ない、気まずくなる可能性が高いので、グループ学習などを適宜取り入れる。

重点的指導内容

音声	文字	語彙	文法	運用
◎	△	◎	○	◎

第 7 章　高等学校段階の教育実践　145

はじめに

　中学校段階で生徒は、基本的な語彙と文法形式を網羅して学んできた。しかし、これらが完全に定着しているわけではなく、一部は忘却したり混同を生じたりして、言語知識は不安定な状態である。英語力の個人差が如実に現れているため、高校一年生に対する指導では、復習を兼ねた丁寧な整理を促すことが必要である。

　高等学校段階では、本格的に統合技能に取り組むことが可能となる。基本的な聞く・読む能力が培われ、これらを増強しつつ、話す・書くための方策や言語知識を充実させていく。表出技能を積極的に取り入れた、英語授業を展開することができる。

　文章理解の難易度は、和訳の難しさ、つまり構文の複雑さから判断されることが多い。しかし、内容に関する背景知識（百科事典的知識）、言語知識（語彙、構文・文法の知識）、関連性に基づく知識の活性化の度合い（知識によって内容を、どの程度補うことができるか）、さらには、動機要因（興味、関心、娯楽性、必要性）にも影響を受ける。そのため、教師は、聴解や読解の素材には十分に配慮して多様性を持たせ、理解を促進するための指導技術を駆使することとなる。

　この章では、普通校（中級段階）と英語重点校（上級段階）を視野に入れて、統合技能の扱いをまとめていく。なお、英語重点校であっても、中級段階の指導を十分に行ってから、上級段階へ進むことが常道である。

1.　聞いて話す・書く活動

　小学校と中学校では、音声中心の授業が展開されるようになり、英語音声に対する生徒の苦手意識や違和感は、払拭されていくと思われる。ただし、会話中心の短い句や文に慣れた次の段階である、まとまりのある文章理解は、高等学校段階で重点的に学習していく対象である。

　統合技能指導では、やり取りが連続した会話や、複数段落から構成された

文章を聞き、内容を理解して、要約を口頭や筆答で行い、意見や考えを述べるなど、技能を組み合わせた方向へ授業を展開することになる。

1.1. 文章の聞き取り

文章は、複数の文から構成されたまとまりである。次々と耳に入ってくる音声言語を円滑に理解していくためには、意味の抽出と内容の記憶を高速で行わなければならない。

聞いた文を完全に記憶して訳していく作業は、脳への負荷が極めて高く、数文で破綻をきたす。そのため、生徒に翻訳癖が付いていると、途中で聞くことをやめてしまい、「聞いても分からない」「リスニングは苦手で嫌い」と聴解活動に取り組むこと自体をあきらめてしまう。

文単位で確実に、瞬時に意味変換ができるように練習を行い、数文から成る文章へ少しずつ聞く分量を増やしていく。この点で、読解素材を読み上げている教科書付属のCDは、一文が長い文語体であり、聞いて理解することは想定されていない。生徒の聴解技能を育成するためには不適切な素材であり、聴解技能に特化した教材を、継続的に活用していくことが望ましい。

統合技能を導入する前段階として、文章の聞き取り、特に概要把握と特定の内容（5w1h：who, what, when, where, why, how）を理解できていることが求められる。したがって、文章理解が不安定な状態で話す・書く活動に入ると、生徒は授業についていくことができず、混乱してつまずきを誘引してしまい、教育効果は低下する。教師の立場では、話す・書く活動に時間を要するので、聞く活動は手短に終わらせたいが、生徒は、文章理解技術を獲得している途上であることを忘れないようにしたい。

1.2. 語彙と文法機能、用法・用例の学習

本格的な統合技能学習に入ると、内容理解や表出技能に注目が移り、素材中の語彙と文法の学習は疎かにされていく傾向がある。しかし、表現形式の学習は、全段階で不可欠である。技能をとおして語彙と文法を学んでいることを十分に意識して、聴解素材中の表現を活用しながら、話す・書くことが

大切である。

　特に、聞いて話す活動では、自然な発音方法を聞いて確認し、生徒自身で発音してみる。小学校や中学校で習った単語や句、短文レベルとは違った、文レベルの抑揚、弱化の度合い、情報構造などの、いろいろな音声特徴が豊富に使われるためである。このように音声学習は、継続して行うことで効果が見られていく。統合技能の学習指導では時間配分が難しいが、基本的な音声指導も端折らないように、焦らずに気を配りたい。

1.3.　劇やスピーチの活用

　全身を動かしながら、ことばを表現することが好きな生徒がいる。身体処理優勢型（第3章4.1.3.参照）の学習者の特徴である。こうした学習者は、暗記した文を感情を込めて表出することが得意であり、動機付けしだいでは、発音学習にも真剣に取り組む傾向がある。用意した文章を諳んじて披露する発表活動も、活気に満ちて勢いよく、堂々と自己表現をする。また、自作の歌詞で、踊りながら歌唱する学習者も見られる。

　ドラマ的手法や、スピーチ活動などを取り入れた授業の意義は、伝統的な言語教育で推奨され続けている。英国では、韻律や抑揚、呼吸法などを、美しい表現形式を用いながら体得していく目的で、英詩の朗読や、シェイクスピアをはじめとする舞台芸術を、授業に積極的に取り入れている。音声面、感情と言語、感性、情操面など、単なる言語知識や言語技能に留まらない教育効果が期待されてきた。「生きた」ことばの教育観に対して、一石を投じる在り方である。

　こうした活動は、全員に強制するのではなく、発表希望者と、聞いて質問や発言などを行う役割とを、選択させる配慮が求められる。恥ずかしがる生徒に、無理やり発表をさせても効果は乏しく、聞き手であっても、必ず何らかの発言を行うことで、表出の機会は確保されるからである。

　高等学校段階以降は、限られた時間の中、全て「公平に」体験させる必要はなく、生徒自身に、自分に合った方法を選択させる余地を持たせることが、学習者中心の言語教育であると考える。

1.4. 聴解素材の要件

音声言語による聴解素材は、文字言語による読解素材の読み上げでは代用することができない。会話に加えて、講義、講演、発表などを含む話し言葉と、読むために書かれた書き言葉とでは、文構造や表現選択、文体や表出方法などが、大きく異なっているためである。

たとえば、同じ報道内容でも、ラジオやテレビでの音声言語と、新聞や雑誌などの文字言語は同一ではなく、特に書き言葉は、構文や表現面で難解なことが多い。

音声言語と文字言語は、以下の表のとおり独自の特徴があり、脳内での処理方法が全く異なっている。

表7-1　話し言葉と書き言葉

音声言語（話し言葉）	文字言語（書き言葉）
・口語体	・文語体
・単語、句、短文中心で簡潔	・複雑な構文や受動態の多用
・身体的な情報（身振り手振り、表情など）が豊富にある	・身体的な情報（強調などの音声的な感情表現）がない
・つづりや表記法の規則は適用外	・論理関係、因果関係、人物や事象の関連性を明確化する
・具体的、断片的	
・形式ばらず文脈依存性が高い内容	・構造的に統制され、複雑、抽象的で格式がある
・相手との情報共有が成立	
・話者の発音や語彙選択の癖がある	・長い文が続き、構造は整っている
・完全な形式の文は少なく、句や不完全な節が多い	・複雑な構文や従属節が多い
	・高度で頻度の低い語彙も使われる
・言いよどみ、言い誤り、間などが含まれ、つなぎことばを多用する	・名詞化構造と形容詞や副詞の多用
・トーンが示す意図の理解が必要	・代名詞などの一貫性の理解が必要
・疑問文、指示文、繰り返しが多い	・読んで理解することを前提とする、まとまりのある文章
・指示語や時間副詞などを把握して、一貫性の理解が必要	・情報が即座に消え失せることはなく、目前に保持されている

聴解技能を培うためには、音声言語に基づいた教材・教具が必要である。聴解の授業では、読解よりもやさしい語彙レベルの素材を、使用することが望ましい。言語理解の学術研究によれば、98％の語彙は既習であること、新出の2％の語彙を類推する方法を知っていることが、円滑な音声言語理解の要件とされている。聞いて話す・書く、統合技能活動でも、読解教材では代用ができない。現在は、教科書が開発途上であり、教師は、こうした点に十分配慮した上で、副教材、自主教材を用いることになる。

聴解の内容理解問題では、選択肢から正しいものを選ぶ形式が一般的である。正解を確認して終わらせるのではなく、正しい選択肢と、間違った部分を修正した選択肢を組み合わせながら、口頭で要約の練習を行う。教材の表現形式を最大限活用して、表出への足掛かりとする。発表語彙の学習途上の生徒が、全てを自力で表出することは不可能であり、用意された文を用いながら話す・書く、少しずつそれらに操作を加えて、自由度を高める段階を充実させていく。

聴解素材に対する、英問英答の活動も有意義である。おさえるべき内容に関して、展開順を追って確認していく作業は、聴解技能育成上重要であり、生徒自身のことばで解答させることによって、発表語彙拡充へとつながる。

1.5. 中級段階の授業設計上の注意点

聴解と発話（作文）を統合した授業の注意点について、中級段階から上級段階としてまとめる。高等学校によっては、上級段階まで到達することができる状況と、中級段階の実践を充実させる場合とが想定される。中級段階の聴解では、既習の語彙や文法を定着させるための手段として、音声を積極的に用いる。

まとまりのある文章の聴解を行う前には、教師が主題を示しながら、聴解素材中に使用される、さまざまな表現形式を生徒に予測させて、黒板に列挙する。内容を類推して、関連する表現や構文を練習しながら、背景知識を活性化させてから聴解活動に入る。この実践は、教師が生徒に英語で働きかけを行うことが望ましい。

聴解後は、聞き取れた事柄と、聞き取れなかった部分を明確化させ、その理由を一緒に考える。聞き取れなかった原因が、脱落や弱化などによる音声面か、語彙面・文法面か、などを自己診断できるように指導する。まとまりのある文章で用いられた主題文や定義文、言い換え方法などを学習して、自らも表現形式を使用することができるように練習する。授業で使用した音源は、必ず配信・配布する。スクリプトを参照する場合は、見ながら聞く、その後、閉じて聞く。自学自習を促すことにより、確実な定着を図る。

なお、聴解素材中の未知語を、前後の文脈から推測する指導が推奨されているが、この技術は読解技能指導で定着させる。聞き取りに集中しているときには、未知語に対して注意・注目はせず、他の部分や全体から理解しようとするためである。

高等学校段階では、読解の比重が増してくるが、読解素材の CD を聞かせるだけでは不十分である。授業の前半、中盤、後半のいずれかで、聴解に特化した活動を必ず取り入れることが重要である。

中級段階の発話指導では、具体的な場面で意思疎通を図ることができ、身のまわりのことについて、話すことができるような能力を育成する。その過程で、簡単な質疑応答を練習し、情報の確認や提供、援助の要請を適切に行えることを目指す。基本語彙の発音も正確さを増していき、活動は、中学校段階のものを発展させて、発表語彙を豊富に提供していく。

文章の聴解において、聞いた内容を基にして、要約しながら口頭で発表したり、意見や考えを表明したりする活動を併用することによって、理解・表出技能の統合を図る。

1.6. 中級段階の学習目標と指導技術（聞いて話す・書く）

【目標】
・会話とともに、まとまりのある文章の聞き取りを指導する。
・既習の語彙と文法を組み合わせることによって、自分の意思を表現する発話を行うことができるようになる。

【指導技術】

● 聴解・表出素材

・学習段階の進捗に合わせて、聴解素材の長さを増していく。

・会話・聴解・読解で学習した受容語彙を積極的に用いて、発表語彙を増強する。

・発話の助けとなる語彙や文法は、あらかじめ教師が整理しておき、それを使いながら、制御を加えた表出活動をする。

・社会的発言に向けた表現形式の、使用方法を学ぶ。

● 聴解・表出方法

・短い話を聞き、キーワードを挙げたり、出来事順に整理をする。

・音声面では、弱形やイントネーションなど、句や文レベルの音声指導と、トーンによるニュアンスの表示を具体的に体得させる。

・書き取る部分を、単語から句や文へと拡張させる。

・準備された、あるいは暗記した定型表現を、単純に再生するだけではなく、状況に合わせて操作を加えて意図を伝える。

・母語の直訳を減らし、言い換えや定義文を柔軟に探る。

　たとえば、つまようじ（toothpick）が分からなくても、a thin, sharp, piece of wood for cleaning teeth や something used like this と言い換える。こうしたコミュニケーション方策は、英語学習用の英英辞書を使わせるなど、日頃から指導する。

・Yes/No や、単語だけで応答を終了させるのではなく、返答内容を拡張するために、理由を付加して述べること、過不足なく状況を説明できることを定着させる。これは作文への下準備となる。

・話題を軸として、意味内容のやり取りを、発展的に継続させる技術を身につける。

・利点や欠点、問題点や改善点などを発話することができるように、必要となる表現を示しながら練習する。

・要約した内容を、自分のことばで述べる。

● 授業設計

・授業の導入を会話で行い、学習目標の語彙や文法を練習する。

・読解素材で学習した既習の語彙や文法を、聴解活動で内容理解の練習問題に取り入れる。

・中級段階から上級段階の、まとまりのある文章の聴解では、活動前に関連する語彙を多く想起させて、必ず背景知識を活性化しておく。

・まとまりのある文章の聞き取り活動の後には、聴解前に予測させた内容や展開と、聴解素材の内容が一致したか、異なっていた場合は、どのように異なっていたのかなども、素材を活用しながら会話を行う。

・聴解・読解の前後の活動として、発話を必ず取り入れる。

・要約文を空所補充させ、音声素材を再び聞く。

・上級に近づいた段階で、読解した後に読解素材に関連する聴解を行って、発話や作文で表出する。4技能の統合を図るための活動を積極的に取り入れていく。

　たとえば、記事を読み、インタビューを聞き、意見を述べる。

・内向的な性格の学習者には、不安感を与えないように工夫する。

● 表現面

・語彙指導では、発音を必ず練習する。

・聴解素材で使われた、表現の類義語や反意語を確認する。

・単語や句での応答から、単文、従属節を伴った表現、さらには複数の文へと、表出する文の長さを伸ばす。

・ロールプレイでは、役割を演ずるだけではなく、モデル文の表現を適宜入れ替えて、自分の気持ちや実体験を織り込む。ただし、家族、身体的なこと、外見や風貌など、個人的な話題は学習者が拒絶する場合が多く見られるため、活動内容には十分配慮する。

・ロールプレイでは、助動詞や時制の使用法に基づく応答や、丁寧な対応方法を含めながら、適切・的確な言語使用を指導する。

1.7. 上級段階の授業設計上の注意点

　上級段階では、まとまりのある音声から、主題と細部を同時に正確に理解することができる能力を培う。日常の事柄、時事・社会問題、文芸、学術領域など、さまざまな内容の文章を扱い語彙を拡充していく。また、複数の放送局のニュースや英語母語話者の会話など、実際に使用されている低頻度語彙を含んだ、文化的に自然な英語にも積極的にふれる。

　指示を正確に理解した上で、操作や行動を行う活動や、文化的側面にかかわる問題解決活動、要約して他者に伝える活動など、長い聞き取りを前提として、意思表示のできる表出技能を取り入れる。技能を統合して、英語をことばとして使用することができる能力を高めていく。

　会話を用いた聴解練習では、上級レベルの教材などを活用して、学習者と同世代以上の英語母語話者が、日常的に使用している表現形式を獲得していく。検定教科書で学習してきた高頻度語彙とは、全く異なる表現にふれることができる機会を充実させていく。

　まとまりのある文章の聴解練習は、読解活動と交互に行う。聴解のみに偏ると、読解速度が低下してしまい、逆に読解のみに偏ると、まとまりのある音声理解に支障を生ずるため、授業にバランス良く取り入れた指導を計画して展開する。音声から内容理解を促す聴解指導では、音声素材中の言語形式よりも、意味概念の理解に重点を置く。ただし、表現形式や音声面の確認指導は必ず行う。

　上級段階の発話の特徴は、日常生活で活用する流暢な発話能力を獲得していて、状況に応じて臨機応変に応対を行うことができる。また、事実と見解を明確に区別して、説明や叙述を行い、聞き手に負担を与えることなく、理解容易な発言が可能となる。

　この段階では、自由発話や発表、ディベートや討論の活動が入ってくるが、思考や積極性、創造性、独創性、明快性、論理性、説得性などは、母語の言語運用能力や習慣、性格が関連してくる。母語で公に理路整然と話す経験を重ねることによって、外国語での運用に生かすことができる。そのためにも、国語の安定した運用能力も求められることになる。

性格によって、活発に発言する学習者と、極力発言を避けようとする学習者が見られるので、発言の機会を等しく調整して発話を促す。多弁と論理性は必ずしも一致しない場合があり、口数の少ない学習者には、ゆとりを持たせながら発話を引き出す。

1.8. 上級段階の学習目標と指導技術（聞いて話す・書く）

【目標】
・会話は、場面、文脈、状況に合わせて、自然なやり取りとなる。
・聴解素材が時事英語、学術英語、ビジネス英語、文芸素材などとなり、語彙が高度化する。
・低頻度語彙を音声的に学習していくことによって、表現力を豊かにし、英語力（受容語彙）を向上させる。
・流暢な発音で、発言することができる。
・さまざまな語彙と文法を継続的に学び、表現能力（発表語彙）を高め、主に討論・議論が可能となる発話能力を育成する。
・多様な主題を扱い、異なる考え方の立場を尊重しながら、例や論拠とともに、自らの立場を明快に発言することができるようになる。

【指導技術】
● 聴解・表出素材
・知識獲得、情報収集、交渉など、目的を持った聴解・発話技術、社会的な場面で発言する技術の指導を開始する。
・あらかじめ主題を絞って、素材を提供した上で、低頻度語彙を用いて、経済、社会、政治、文化、学術、文芸などの、知的な内容を含めた会話を展開する。
・素材内容に興味、関心、態度が影響されるため、多様な話題を提供する。
・素材に絵画や風刺画、報道写真などを用いて物語を作ったり、解釈を加えたり、感情を表現させることも効果的であると提案されている。

・ディベート、討論、口頭発表などを活用し、複数の立場からの意見を基にして検討を加え、問題点や解決策などを話し合う自由発話活動へと発展させる。

● **聴解・表出方法**

・まとまりのある文章を聴解して、主題について要約した上で、会話や討論、ロールプレイなどの活動に発展させる。

・発音面では、正確さと流暢さを両立させる。

・まとまりのある文章から構成された聴解素材を使用しながら、話題や問題を検討して、結論を導く活動を取り入れる。

・主題に関するいろいろな語彙を学習し、テーマについての因果関係、利点・欠点、善・悪、賛成・反対などを指摘させ、その理由、根拠を明解に述べさせる。

・学習者自身で、獲得できていない技術や技能に気付き、自学自習を促す。たとえば、学習者に発話を録音させて、発音、語彙、文法、表現などの誤りや、不足している部分、改善に向けた方針などを発見させる。

● **授業設計**

・聴解前には、素材について簡単な会話を行いながら、知識を活性化させて表現を確認する。

・聴解後は、素材についての内容理解問題を解き、内容についての会話や作文を行う。

・聴解素材と関連する読解も取り入れて、技能の統合を図る。

・単文で、無味乾燥な発言にならないように、例や論拠の表現方法を確認しながら考えを整理させる。こうした活動は、作文の下地ともなるため、十分に指導を行う。

● **表現面**

・仮定法による高度な表現形式を用いることによって、依頼、謝罪、助言、

提案、勧誘、批判などの、適切な表現手段も指導する。

・新聞や雑誌の記事を読んだり、ニュースやドキュメンタリーを視聴したりして、内容とともに表現を確認し、学習者の考えを表明し合う。

2. 読んで話す・書く活動

　伝統的な高等学校段階の学習指導では、読解素材を一文ずつ読んで訳す文法訳読、内容理解問題を解く長文解釈、語彙と文法を解説して確認する語法練習などと、大人数クラスで教師中心の受動的な知識提供型の授業形態が、一般的に行われてきた。

　統合技能の指導では、こうした活動に加えて、読解素材内容を要約したり、意見や考えを、口頭や筆答で表出することが求められる。その理由は、話す・書くことを行わない限り、表出技能（発表語彙）は全く培われないためである。クラスサイズを調整した上で、統合型の技能指導として、文章の理解と表出を扱っていく授業展開を、一つの可能性として提案する。

2.1. 音読に時間を割く不思議

　音読は、簡単な素材を用いて、イントネーションや発音などの音声面を指導することであり、内容を理解するための読解技術向上を、指導の目的とはしていない。この手法は、初級段階で、文字連続の円滑な音韻符号化を促進して、読み取り速度を高め、解読技術を安定化させることを目的として援用する指導技術である（第6章2.1. 参照）。

　また「英語を話す機会の提供」として推奨されているが、高等学校段階以降で、書き言葉を素材として編纂された教科書を音読させることは、話し言葉の学習とは全く異なり、学習者に不利益をもたらす（表7–1参照）。教科書などの書き言葉の読み上げは、ナレーションの技術であり、そのためには独自の特殊訓練が必要となってくる。

　音読と内容理解問題を、同時に課すことは避けるべきである。音読を行っているとき脳内では、解読処理と音韻符号化、調音器官の稼働と監視システ

ム（モニター）を同時に活性化させて、文字列を音声化することに集中している。そのため、音読対象の内容を理解するゆとりなどはない。また、音読中に内容理解を促すと、音読の声は必然的に小さくなる。音読を活用する場合は、イントネーションや正確に発音することなどの、音声面だけに焦点を当てて指導する。

　限られた貴重な授業時間は、有効に活用することが得策である。国語教育の学術研究によると、音読に適した素材は、学習者が全く困難を覚えずに、黙読することができることが前提であると指摘されている。獲得していない語彙や文法形態素、新出単語、複雑な構文、複文などを含んでいて、黙読をすることが難しい素材を音読させることは、本来提唱された音読の効果的な活用方法ではない。

　特に、複雑な構造の文や長い節は、適切な区切り位置を指導しなければ、息継ぎ部分の根拠を理解することができずに、不自然な読み上げとなり、発音指導の効果は低下する。息継ぎが必要となる読解素材を音読させることは、音読の目的からは逸脱した指導である。

　主部・述部や、名詞句、動詞句、前置詞句といった文法上のまとまりは、意味のまとまりとほぼ一致するが、自然な読み方のまとまりは、これらと完全には一致しない場合がある。英語母語話者は、主部と動詞までを一息に発音する傾向が強く、主部と動詞の間に、間をとることは不自然となることもある。高等学校段階の音読では、こうした区切り位置の違いが、つまずきを誘因する原因となる。音読が上手な生徒が、正しく意味理解をしているとも限らない。

　高等学校段階以降は、中学校の延長として、音読や教材付属のCDによる指導を絶えず行うと、黙読をせずに、つぶやき読みや、文字列を脳内で音声化する癖を付けてしまい、生徒の読解速度は低下する。こうしたことからも、「内容理解の読解能力が、音読によって向上する」ことは、認知機能の側面から考察すると、つじつまの合わない主張である。読解技能育成には、読み上げを目的とした音読活動は推奨しない。

　音読は、発話の速度であり、黙読速度とは全く異なっている。平均的な音

読速度は、毎分120語程度であるが、黙読速度は練習を積むと、毎分250語以上に達すると心理言語学で報告されている。つまり「音読によって読解速度が向上する」ことも保証されていない。

教師は、生徒に対して、なにを目的として音読を行うのかを、十分に考慮した上で、根拠のある指導を行わなければならない。一斉練習として音読を取り入れる場合は、学習効果を常に意識する（第3章2.2.参照）。

2.2. 単語テストと文法規則ドリルからの脱却

中学校段階では、少ない授業時間を補って、効率的に授業を進めていくために、基本の単語を覚えさせる単語テストを行うことは避けられない。また、文法形式を網羅するために、文法規則を確認する練習も欠かせない。しかし、暗記に依存した語彙と文法の学習方法は、運用能力育成の観点からは、できるだけ早期に脱却しなければならない（第2章2.1.参照）。

高等学校段階では、語彙と文法を、場面、文脈、状況の中で学習しながら定着させていく。そのため、この段階では、単語テストや文法ドリルの常用は、教育的意義を失っている。貴重な授業時間の中で、効率的に少しでも多くの文章を聴解や読解して、受容語彙への接触量を確保し、発話や作文で発表語彙を獲得するために、表出の機会を豊富に提供することが、運用能力を培っていく素地となる。

2.3. 確実な理解を促す構造・構文と訳

高校三年生が挑む長文解釈では、数行にわたって文が続く場合が散見される。しかし、現在の指導方法では、一文一文に対して、注意・注目を払って精読し、分析的な説明は成されないことが多い。長文は、単語から何となく意味を推測するのではなく、構文解析技術（第1章1.3.参照）によって、英文の構造を筋道を立てて説明を加えなければならない。英語は、句の配列規則で文解釈を行う構造言語であり、語順に基づく読解方策を身につけていくことが、上級段階に向けての道筋であり通過点となる。

読み方を解説して、訳してみることは大切な学習項目である。「英語授業

を英語で展開」するあまり、こうした重要な観点が、決して疎かにされては
ならない。

　構文解析は、英語中心の表出活動とは異なる、上級段階を志す日本人英語
学習者にとって必修の技術である。全ての授業時間を、英語で押し通そうと
して、指導するべき対象を曖昧に終わらせてしまっては、日本人教師が読解
指導を行う意味が失われてしまう。読み方の指導は、英語母語話者教師には
展開困難であり、日本人教師による論理的で丁寧な解説が欠かせない。

2.4.　選択肢問題の有効活用

　従来の高等学校の教科書では、読解素材が束ねられたものが多く見られた
が、近年は、活動が盛り込まれるようになってきた。今後は、さらに改良が
加えられて使いやすいものになっていくと思われる。

　統合技能指導の観点では、内容理解問題、英問英答、発展トピックなどが
充実してくると、教科書の表現形式を用いて表出活動が行えるため、話す・
書く活動への移行を円滑に進めることができる。高等学校段階では、発表語
彙の学習途上にあるため、生徒自身のことばで自由に表出することは困難で
ある。あらかじめ手掛かりとなる用法・用例が、教科書の中で豊富に提示さ
れていることが必要となる。

　内容理解問題では、誤りの選択肢を訂正しながら表出する、細部の情報を
見つける問題では、解答根拠となった文を指摘させる。さらには、選択肢か
ら選ぶのではなく、英問から自分のことばで英答するといった、段階的に発
展させる臨機応変な内容理解問題の活用により、生徒の表出機会を充実させ
ていく。正答を確認して終わらせてしまうのではなく、貪欲に素材を利用す
ることにより、表現形式への接触量が確保されていく。

2.5.　未知語への対応

　読解素材に現れる、未知語の類推技術を指導することは、「読み方」の学
習において重要な観点である。未知語の類推とは、まとまりのある文章中
に、未習の語彙が使用されている場合、周囲の文脈や構文を頼りに意味の推

測を行うことである。

　未知語の類推に関する研究によると、類推技術は、構造・構文の知識が定着し、2000語〜3000語程度の基本語彙を確実に獲得した、中級段階前半以降の学習者に対して、効果的に指導することができるとされている。

　たとえば、未知語の firefly を断片的なキーワードから意味を推測する。(biologist, blinking on and off, darkness, flashing, humidity, insect, light, etc.)

　こうした前提条件を考慮すれば、読解における未知語の類推は、中学校段階の学習者には適さない指導である。具体物による名詞などの連想や、簡単な名詞を使った動詞の意味の推測は、未知語の類推とは全く質の異なる認知方策である。

　未知語の類推技術として、以下のとおりまとめられる。

- ・未知語の品詞を予測
- ・品詞予測に基づく意味情報の把握（単数複数、動詞の名詞化、時制）
- ・名詞句、前置詞句などのまとまりと、構造・構文による類推
- ・形態素の持つ情報の活用
- ・文脈から類推するための、百科事典的知識の活性化
- ・句読点（カンマ、同格や関係詞などの挿入句、ダッシュ）に注意
- ・言い換え（or, that is, i.e., in other words, etc.）
- ・例示（such as, for example/instance, e.g., etc.）
- ・接頭辞、接尾辞（品詞や意味を推測）
- ・文脈や前後の文から内容を把握
- ・段落構成の知識を生かす
- ・多義語、同義語、反意語、類義語、構文変化に注意
- ・類推した未知語は、用法や意味を辞書で確認しておく

2.6.　授業設計上の注意点

　この節では、主に読解と発話、作文を統合した授業の注意点について、中

級段階から上級段階の流れをまとめる。読解は、上級段階までには到達可能な場合が多いが、自由作文まで導入することは挑戦的と考える。

高等学校段階では、内容理解のための聴解技術と読解技術は、別個の時間で、異なる素材・教材を扱って定着させる。素材の文章が五段落程度と長くなる読解素材を、音声で流して聴解の代用としたり、スクリプトを読ませて読解を行ったりすると、まとまりのある文章を、音声や文字で理解する能力が、中途半端な状態で停滞してしまう。なぜならば、素材の難易度と培うべき技能との間に、不均衡が生じるためである。

背景知識を活性化させてから、読解素材を読み進めるトップダウン法も用いながら、文法訳読法による言語理解とともに、内容理解を図る折衷的な方法が広く取り入れられている。内容理解問題は、要約の基礎技術となるため、正解の確認だけではなく、選択肢に使用された文の表現形式に注意を向け、これらを参考にしながら、口頭または筆答で要約を行う。

中級段階後半では、読解前後の活動を発話中心で行う。True/False の質疑応答をしながら、読解素材内容を言い換えて端的に整理し、質問文にも十分注意を払う。True/False の理由・解答根拠を指摘し、False は訂正をさせ、確実な理解を促す。

上級段階では、社会問題などの内容が増えるため、低頻度語彙が頻出して、構文も複雑になる。素材内容の抽象性、論理構成や文体の複雑さに対応するための、構文解析技術を含めた精読の指導をする。

高等学校段階での作文学習指導は、単文の連続から発展させて、まとまりのある文章を構成するための基礎力を培う。文や段落の並べ替え、不足している文の補充など、文と文の関連性に意識を向け、段落構成技術を指導する。また、指示語の理解を確実に定着させる。その上で、案内文、身近な主題、賛成―反対と立場を明確にする文章などを作文させていく。

聴解や読解の素材を用いて、意味内容・概念を活性化させることも効果的である。要約の活動を取り入れて、生徒が獲得している語彙と文法を駆使して、表現方法を練習する。

高等学校段階では、書きたい内容や思いに対して、表現（発表語彙）が不

足しているため、和英辞書を活用する機会が増える。正しい表現形式を定着させるために、英単語のニュアンスや使用域、共起する名詞、形容詞、副詞や動詞、使用される構文を、必ず確認する習慣を付ける。生徒の柔軟な思考力を用いて、日本語のニュアンスを言い換え、持っている英語で表現しようとする、前向きな態度を育成していく。

　高校生は、語彙と文法を獲得中であり、独力でこうした作業を行うことは負担が大きく、教師の援助は不可欠である。クラス全体で一体となって、教師が表現形式を確認しながら指導を行う。作文学習の効果を高めるためにも、参加型協働学習を取り入れ、作文前（準備）・作文中・作文後（推敲）の活動を充実させる。

2.7.　中級段階から上級段階の学習目標と指導技術（読んで話す・書く）

【目標】

・説明文などの、まとまりのある文章の内容把握と、長い文の正しい解釈ができるようになることを目標とする。
・読解素材に対する自分の気持ちや考えを、要約した上で表現するための表出能力を獲得する。
・読解素材を模範として参照しながら、まとまりのある文章の作成に向けた基礎力を培う。
・上級段階では、低頻度語彙や複雑な構文に対応し、不自由なく英語を運用することのできる能力を完成させる。

【指導技術】
●　読解・表出素材
・10文〜20文程度（最終的には五段落程度）の素材を読解する。
・キーワードや関連語を含む質問を行う。段階に応じて要約文の空所補充、要約の作成、重要な論点・論拠・例の指摘、出来事の順序性、因果関係、学習者の考えなどをまとめさせる。

第7章　高等学校段階の教育実践　163

・同じ主題について書かれた複数の素材を用いることにより、語彙が充実
　し、定着が図られる。
・背景知識を活用して、読解可能な説明文を使用する。
・英語で、内容に関連させた簡単な会話を行う。
・技能を統合した活動の中に読解を位置付け、教材に留まることなく、英語
　母語話者が使用する、低頻度語彙を含むさまざまな分野の読解素材に、積
　極的に接する。
・テーマや主題にそって、語彙を活性化する。
・体験学習による、具体的場面や主題に基づいて、英作文指導を展開する。
　注意点として、「修学旅行の思い出」といった漠然とした課題を与えるだ
　けではなく、生徒が印象に残った状況や光景、出来事を引き出して表現形
　式を教示し、実感を持って作文に取り組めるように心掛ける。

● **読解・表出方法**
・ボトムアップ処理とトップダウン処理の読解方法を、バランス良く指導す
　る（第4章 資料参照）。
・制限時間内に、能動的、主体的に読み進める。
・読解速度向上のために、素材を目で追いながら聞かせる方法は、解読技術
　を獲得した学習者には使用しない。
・長い文や複雑な文の読み下し方を、文法訳読法や構文解析技術を用いて、
　丁寧に解説する。
・辞書の使い方、記載事項で注意を傾けるべき情報などを指導する。日本語
　訳だけでなく、連語表現や使用域も確認する。
・比較的まとまりのある文章から、主要なポイントを指摘したり、論の展開
　に基づいて大意把握をする（スキミング）。
・少し長めの文章から、必要な情報を抽出する（スキャニング）。
・素材中の出来事や、感情の記述を理解する。
・主張や結論を理解する。
・時事問題に関する文章を読み、いろいろな立場や見解を的確に理解する。

164

- ・独力で読み進めることができるように、未知語の類推技術を指導する。 類推内容を確認するために、文法書や辞書を参照する。
- ・中級段階後半で学んだ構文解析技術を復習しながら、速読即解を行う（第1章1.3. 参照）。
- ・ポイントを正しくおさえながら、必要な情報を抽出してまとめ、論の展開を正確に把握する。
- ・素材内容の展開を、項目ごとにまとめて、図や表に整理する。
- ・文、段落の並べ替えや、文補充などを取り入れる。
- ・既知の表現形式を組み合わせながら、数文から成る文章を作成する。

● **授業設計**

- ・読解を中心としながら、他の技能を統合する。
- ・読解前は、まとまりのある文章の理解を促すことを目的として、素材内容に関する会話活動を用いて、背景知識を活性化させる。
- ・素材の主題を示したり、関連する質疑応答を行ったり、内容を予測させたりする。
- ・読解を始める前に、重要語や新出表現の発音、表現の形式、意味、使用について解説し、語彙に注意を喚起する。
- ・読解後の確認、整理、まとめを充実させる。
- ・読解素材に使用された、新出語彙や文法項目を解説する。
- ・読解後は、内容理解問題や、目標の語彙や文法については、練習問題で十分確認する。日本語、あるいは英語で、用例を含めて解説する。
- ・予測した内容と読解素材とが重なるか、読解前の活動で導入された語彙が用いられているか、などにも注意を払う。
- ・読解速度の向上と、内容理解のバランスを確保する。
- ・活性化された語彙と文法で、理解と表出を円滑に行うための、発話や作文の練習を行う。
- ・単文で、発展性のない文章にならないように、作文前の準備活動をとおして考えを整理させる。

● 表現面

・中級段階前半では、高頻度語彙を中心とした素材を扱う。

・直接語彙指導を行うときには、次のような問いかけを用いる。

> Have you seen this word before?
>
> What do you think this word means?
>
> What other words in the sentence connect with this word?
>
> Does this word occur anywhere else in the text?

・新出語彙や目標外の語彙の脚注は、英英辞書で調べた定義文を示す。

・英語の類義表現や構文変換、言い換え方法にふれさせる。

・中級段階後半では、未知語の類推技術を指導していく。

・上級段階でも、低頻度語彙の過度な出現は、意欲低下を招く恐れがある。

・単語の品詞変化や、単語間の関係性を整理する。

・語彙力を増強するために、類似した文脈で語彙を使用する練習を行う。

・使用された語彙の言い換え、定義方法を、英英辞書で確認する。

・文構造や文法機能に注意を払う（性・数・格、時制、受動態、助動詞、接続詞、不定詞、分詞、動名詞など）。

・文法用語を示すだけではなく、機能、意味、用法に着目する。

・聴解や読解素材を基にして、作文で使用できる語彙を確認する。

・語彙と文法は、自然に使用される文中で獲得を促して、作文や発話をとおして運用する。

・テーマについて発話し、他の学習者の発表も聞いた上で、さまざまな語彙を用いて作文する。

・準備された、あるいは暗記した定型表現を、単純に模倣するだけではなく、同義語や構文変換など、状況に合わせて操作を加えて、独自の表現と構文で作文を行う。

3. 自由に話す・書く活動

　高等学校では、少しずつ自由に表出するための言語知識（発表語彙）と、

言語技能を培っていく段階に入る。初めは単文、しだいに複数の文から成る発話を行い、最後はまとまりのある文章を表出できるように、学習指導を段階的に展開していく。

こうした活動は、統合技能の中に位置付けられるので、これからの新たな方向性である。その目的は、学習者に表出の機会を豊富に提供することによって発表語彙を培うこと、目標は、自分の意思や考えを理由や根拠、例とともに円滑に表出できるような運用能力を高めることである。話す・書くことを継続的に行うことによって、そうした能力が培われていく。

3.1. 話せなければ書けない

従来の学習指導では、課題だけを与えて、生徒に話す・書くことを促してきた。しかし、生徒は、なにをどのように表出すれば良いのかが分からず、日本語で考えて訳そうと四苦八苦する。これは、発表語彙が乏しいゆえの苦肉の策であり、こうした翻訳式は処理負担が高く時間を要するばかりか、大量の誤りを含む英語となる。学習者にとっては、段階を逸脱している課題であり、教育効果は低いと考えられる。

文章執筆に関する研究によると、問われたことに対して、数文で流暢に発話することができなければ、自由作文を開始する段階には至っていないと報告されている。これは、母語でも外国語でも同じである。音声化された表現形式が、口をついて出てくることで、表出が繰り広げられるからである。

たとえば、「電気自動車の普及をどう思いますか」と尋ねられ、賛成・反対、その理由、別の考え方、根拠・例などを、考えつつも滞りなく話すことができれば、悩み込まずに文章にしていくこともできる。

ある程度の速度で次々に、音声に誘導される形で表現形式が活性化され、内容を展開していくことが、自由発話・自由作文には必要となる。それを支えていくのは発表語彙力である。日本の英語教育では、読解に傾斜するあまり、発表語彙を育成するための学習指導は行っておらず、話す・書く力は、ほとんど育成されてこなかった。これでは片手落ちであり、今後、統合技能の展開によって着実に改善が図られていくことと思われる。

しかし、留意点として、発話と作文は、ともに表出技能ではあるが、技能の獲得過程や言語処理過程、運用していく言語知識は大きく異なっており、活動する脳機能も同一ではない側面がある。「書くことと話すことは同じである」「メールやチャットで十分」との発言には、科学的根拠が見当たらない。いずれかの技能が他方に転移することは少なく、最終的には、それぞれ別個の技能として指導していかなければならない。

表7-2　発話と作文の相違点

	発話	作文
処理に必要な速度	高速、瞬時、言いよどみ、中断、自己修復を頻繁に行う	熟考して、何度でも確認、訂正、推敲ができる
準備に必要な時間	相手の発話中と直後	通常、即答の必要はない
情報のやり取り	対面または電話、双方向	計り知れない、一方向
伝達情報量	相手の発話量、話題の内容に依存	文章全体であり、膨大な情報量を含む
心理表現の方法	トーン、イントネーション、身振り手振り、表情、視線	強調符や構文変換、文体と行間

3.2.　準備活動を充実させる

発話や作文は、伝統的に和文英訳方式が中心である。逐語訳による和文英訳では、日本語の表現方法に、とらわれた英語を生成する可能性が高まるため、誤りの増加が懸念される（安井稔・久保田正人『英語クラスターハンドブック―基本単語のつながり用例辞典―』参照）。

近年になって、表出を行うまでの手続きを指導する、過程重視の指導法の重要性が認識されてきた。聴解と読解から獲得した表現を駆使しながら、その場に応じて表出することができる言語運用能力が求められている。

表出技能指導では、学習者に対して、内容知識と言語知識の活性化、発表語彙の拡充を図る。同時に、文章作成方法を順序立てて指導していく。文章は、国語科や社会科などで書いてはいるが、日本語と英語とでは、論理展開

と段落構成が異なり、表現形式が外国語である点が大きく違う。

　表出技能指導中には、学習者が単語帳などで断片的に記憶している、用法に確証の持てない表現や文法、予期せぬ質問に戸惑うことがある。教師は、生徒の日本語からニュアンスを汲み取り、用法・用例が豊富に記載された信頼することができる辞書や、コーパスを傍らに柔軟に対応する。生徒とともに英語を学習する姿勢を示すことは、決して恥じることではない。

　この点では、英語母語話者教師の役割が重要である。英語母語話者は、複数の適切な表現形式を、瞬時に提示できるからである。英会話だけに限定せず、統合技能指導に積極的に参画を促すことが期待される。技術の進歩は目覚ましく、近い将来、英語母語話者教師を探し求めなくても、人工知能搭載のコーパスで、こうした支援が可能となると思われる。

表7–3　表出技能指導の手順

① 具体的な課題を設定した上で、話の展開に従いながら、学習者に自由に発言させて、学習者と教師がやり取りをしながら、英語で内容を黒板に列挙して整理する。
② 賛成と反対、利点や欠点の根拠や例、理由などを、学習者に発言させる。これらに相当する英語表現を教師が示す。
③ 文章の表現と文法を学習者自身が確認して、英語の論理構成に合わせて展開することができるように指導する。
④ 語彙と文法を定着させるために表出活動を行い、英語の表現能力を培う。しばらくは制御発話・制御作文、基本的な語彙と文法を一通り学習してから、自由発話・自由作文を導入する。
⑤ 学習が進んだ段階から、内容、構文、構成面に焦点を移して、自由発話・自由作文に向けた本格的な指導を開始する。

3.3.　発表や論述は上級レベル

　自由発話や自由作文は、話し手・書き手と、聞き手・読み手の立場を意識しながら、誰に対して（友人・知人、目上の人、未知の人、不特定多数の相手など）、どのような状況か（自由時間、試験、発表・講演、勤務時、交渉など）を考慮するように指導する。

第7章　高等学校段階の教育実践　169

表7-4　自由発話や自由作文に至る過程

① 誰に対して、なにについて述べるのかを提示する。
② 教師がクラス全体の発言を促し、誘導しながらやり取りを行い、背景知識の活性化を図る。
③ さまざまな立場の考え方を、例や論拠、データを基に思考を巡らせて、内容の幅を広げていく。
④ ②と③に基づいて、表出に必要とされる表現や構文を確認する。
⑤ 生徒は、提供された表現形式を使いながら、自分の立場を明確化して文章を作る。

　指導では、時間配分を考慮に入れる。学習者が、表出を開始するまでの準備段階で時間を消費して、指定時間内に終わらず、授業効果が停滞してしまうことが多い。学習者が効率的に、表出の準備を行うことが可能となるまでは、自由に英語または日本語で発話させながら、クラス全体で準備活動を行う。このような準備を手厚く行うことは、中級段階の自由表出技能指導では、必要不可欠である。

　学習者は、活動をとおして、表出の過程を具体的に理解して、客観的な視点から自分の考えを展開することができるようになっていく。この過程は、ある程度は国語や社会科教育で身につけているはずであるが、英語の時間には発揮されにくいので、積極的に考えを引き出す指導を行う。

　そして、なによりも、表出技能指導を担当する教師の重要な役割は、ことば（発表語彙）を提供することである。非英語母語話者教師が指導に当たる教育環境では、あらかじめ教科書の中に豊富な発表語彙が、示されていることが望ましい。

　まとまりのある文章表出を開始する前には、題目の順序を目次のように箇条書きで、各段落ずつ事項の概要や要点などの情報を整理して、構成を確定する。5w1h（who, what, when, where, why, how）を整えて、過不足なく文章作成をする。第三者が正しく理解することができるように、十分な情報を示しながら整然と展開する。

　準備段階が不十分なまま文章作成を始めると、意見や感想の表明に留ま

り、理由や状況、補足情報や説明が欠落した稚拙な文章を作る学習者が多く、発展性を欠いた文が羅列される。

作文後の活動では、以下の点に留意しながら、明快性、論理関係、事実の正確さ、表現、文法や文体などを学習者間で、あるいは教師が指摘して確認、推敲する。

・伝えたいことが、聞き手や読み手に理解されたのか。
・情報、論拠、例は、十分に示されているのか。
・論が緻密に展開しているか。独り善がりで飛躍してはいないか。
・語彙の選択や表現方法は適切か。
・同じ単語を何度も使用していないか。
・繰り返しなどの不必要な文や、不足している部分はないか。
・文や文章を、より洗練させることはできないのか。
・文や段落の配列は、滑らかで分かりやすいか。
・段落間の関連性は、保たれているのか。

3.4. 授業設計上の注意点

上級段階では、適切な語彙と文法を用いた複雑かつ正確な、まとまりのある文章を表出するための技術を培う。

聴解や読解の素材を基にして、素材中の表現を用い、類義・反意表現、構文変換の技術を適用しながら要約を練習する。さらに、自分の考えを展開することができるように、独創性や論理性を持って思考しながら、獲得している言語知識を創造的に発揮して表出する。

和英辞書は、自然な英語の表現を確認するための使用に留める。中級段階後半からは、英英辞書を活用して定義や言い換え方法を身につける。表出過程を意識させながら、最終的には自力で、スピーチや口頭発表原稿を含めた一連の文章作成作業を、行うことができるように指導していく。

3.5. 上級段階の学習目標と指導技術（自由に話す・書く）

【目標】
・統合技能の中に発話と作文を位置付け、聴解や読解の素材に基づく、自由な表出が可能になることを目指す。
・社会問題などを主題として扱い、多様な立場の主張を検討して、例や論拠とともに見解を表明する。
・最終的には、創造的な自由発話・自由作文を表出することができる。

【指導技術】
・英英辞書を活用して、表現形式を豊かにしながら作文する。
・例や論拠とともに、論理的で明解かつ説得力のある文章を作成するための発表語彙を指導する。
・新聞や雑誌の記事を読んだり、ニュースやドキュメンタリーを視聴したりして、内容とともに表現を確認し、学習者の考えを出し合う。
・思考を十分に整理してから、文章作成過程に従って表出を行う。
・論理関係を理路整然と表出する方策も扱う。
・表出の指導では、発表の抑揚・強弱、強調、間の取り方、呼吸法などの、音声面を含める。
・学習者どうしで発表し合い、一連の発表活動を学習の素材とする。
・最終的には、学習者自身で文章を推敲して、改善することができるように指導する。
・教師は、語彙力を高めるためにも、日常的に自己努力を重ねることが望まれる。

4. 大学入学試験で問う能力

　高等学校英語教員の最重要課題は、生徒の進路選択を支援して、一人一人を満足する形で卒業させることである。現在、観光を含めた地場産業、大学

進学、技能専門学校、農林水産業、家業の継承、その他で、若者には基礎的な英語能力が求められるようになっている。高等学校の教育課程の中で、そうした能力が培われることが理想的である。

特に、大学進学者が増加した現代、大学入学試験対策に、高校三年次の学習時間を割くことになる。大学によって、多種多様な問題が出題されており、資格としての外部試験の重要性も増してきた。読解だけではなく、聴解・発話・作文にも重点が置かれることは、学習者にとって技能育成の観点からは、好ましい方向性である。現実問題として、入学試験に出題されない技能は、後回し、あるいは除外されてきたためである。

4.1. 目標であって目的ではない

「英語は入試で必須科目である」と、生徒を叱咤激励して、授業の動機付けを図る教師は少なくない。生徒が越えていくべき目標の一つと、認識されれば良いのであるが、大学入学試験が英語学習の目的とされては、大学入学後に英語科目を担当する教員は困ったことになる。試験に合格すれば、「英語を学ぶ目的は達成されたので、もう勉強しない」と、学習意欲を失う学生が現れるからである。一貫性のある学習過程においては、外部試験や入学試験は目標の一つであって、英語学習の目的ではないはずである。

大学英語教育では、上級段階の統合技能や、英語論文執筆技術などを指導して、専門課程の素地を培うため、英語学習過程は、高等学校で終了したわけではない。これらが、次の英語学習の目標となる。英語学習の目的は、運用可能な英語力を獲得することであり、入学試験程度では、まだ途上である。ことばの学習には、終着点はなく、果てしなく続くものである。国際社会で貢献していくための英語力は、高等学校卒業時点では全く不満足であるため、さらなる学習を積み重ねていかなければならない。

そうではあるが、大学英語は選択科目の一つとして扱い、全ての学生が必修で英語を学ぶ必要性に対しては、再考の余地があるのではないか。大学段階の英語学習では、学習者自身の高い意欲と動機付けが不可分なためである。学生自身が目的と目標を定め、自らの英語学習を内省し、高めたい技能

や内容を、自由に選ぶ開講形態は、学生の主体性を尊重する在り方の一つと考えている。

4.2.　統合技能試験と余波

　大学入学試験の作問チームには、英語教育の専門家や、学校英語教育に精通した関係者が、常にかかわっているとは限らない。その結果、「暗記力試験」とも言われる些細な文法や、古風な言い回し、専門的な用法、作問者自らの英語学習経験に基づく問いなどが多量に含まれ、読解と語法に傾斜することがある。こうした現状下にあって、個々の大学から、全く新しい統合技能の問題が出題される可能性は未知数と思われる。

　一方、大学入学資格としての外部試験採用によって、統合技能が一般的になり、今後は選抜試験での重要性が増してくる。英検などの検定試験では、絵や漫画などの説明、素材への英問英答を、口頭や筆答で行うことは昔から出題されてきた。現行の TOEFL® iBT でも、聴解や読解の上で要約して話す・書くことが求められている（第4章2.2.参照）。外部試験は、留学や就職などで必要とされる受験者が個人的に挑戦してきたが、大学進学を目指す高校生にも課せられることになる。

　ここから分かることは、高等学校では、大学入学試験の一次試験（外部試験）と、二次試験（個別大学問題）に対応していかなければならない。統合技能に加えて、従来の語法や訳の対策という二重の負担が、生徒や教師にのしかかってくると懸念されている。

　統合技能は、現在学習者が持っている4技能の力を、総合的に発揮することが求められる（第4章2.参照）。これを試験として実施すると、劣った技能に、試験の結果が左右される傾向がある。たとえば、聞いて書く問題では、聴解あるいは、文章執筆の苦手な技能の方で、点数が決まってしまう。

　したがって、高等学校の英語指導では、全ての技能に、平等な学習指導時間を配当することが大切なのである。読解に傾斜した授業の結果、読んで話す・書く問題では、内容理解は十分にできていても、発表語彙の弱さから、点数が伸び悩むことになってしまう。

これからの英語教育では、「読めれば良い」と主張することは、他の技能指導の放棄を意味するもので、国際化の進んだ日本において、時代錯誤も甚だしく、受け入れられないことであろう。学習指導要領では、高校生の思考力や表現力を、伸長することが中心課題とされており、話す・書く力の育成は、不可避の時代となっている。そのためには、高等学校段階の統合技能学習指導と、大学入学資格試験との連続性、整合性を図っていかなければならない。

4.3. 統合技能と「英語が使える日本人」

英語圏では、日常的に周囲からは多様な英語が耳に入り、部屋から一歩出れば英語で会話し、学校や勤務先では英語で読み、聞き、話し、文章を書いている。学術、政財界、ビジネス、文芸、その他あらゆる分野で、「国際的に活躍する人材」には、4技能全てが必須の技量となる。その基礎・基本を高等学校段階で身につけることは、日本国内で英語を使って仕事や作業をする上でも、今や回避することのできない社会となっていることを認識しておかなければならない。

「国際化が最も遅れているのは、日本の英語教育界、英語話者から真っ先に逃げるのは、英語教師である」と揶揄されることがある。確かに大学では、英語口頭発表、英語論文や英語書籍は、理系研究者の方が「英語科関係者」よりも格段に多く、英語圏での研究活動歴も長い傾向にある。

英語教育関係者からは、国から示された方針や、流行している指導法などに対して、刹那的に賛否の批評は成されるが、大局的な見地に立った建設的な具体性のある提案は少ないと思われる。

小学校への英語導入や、高等学校の授業改革、大学入試改善などは、英語教育界の自助努力ではなく、国際社会で恥をかき、悔しい思いにさいなまれた人々からの、やむにやまれぬ圧力で成されたことは、英語科関係者一人一人が反省しなければならない。こうした状態を真摯に受け止めて、統合技能の学習指導に真剣に取り組むことが、英語が使える日本人を育成する英語科関係者には、求められているのではないか。

5. 教材・教具の活用法

高等学校段階では、教材選択の幅が広がり、生徒の段階に応じた国内外の教材を、制約範囲内で、ある程度自由に採択することが可能である。場面、文脈、状況下での語彙・文法学習や本格的な統合技能の教材は、2009年以降に英語圏から提供されて、現在も各社で増強されている（第2章2.3.参照）。これらを活用するためには、日本の環境や実態に合わせた、語彙の調整と、文脈化処理を施してからの使用となる。

5.1. 聴解

会話や文章の聞き取りは、継続的に学習指導を進めていく必要がある。聴解技能に特化した教材を、一定の授業時間を使って学習する。さまざまな話者が、いろいろな状況で発話したものが望ましい。一人の話者の声で長期間学習を続けると、この話者の声や話し方、癖に慣れきってしまい、効果が低下するためである。

一方、ネット上から入手してきた音源は、スクリプトや正答がないので、不明な部分を確認することができない点には注意が必要である。漫然と音を追って推測しているだけでは、教育効果が期待できない。なにに注意・注目を払って音声を聞くのかを、明確に生徒に伝える。

ニュース、ドキュメンタリー、ドラマや映画などの映像資料は、活用しだいで有効な素材を提供する。指導では、表現面と内容面の両方に焦点を当て、こうした素材を聞き、関連する読み物を扱い、話す・書く活動へと展開していく。最近では、使用目的に適した視聴覚教材も、いくつかは充実してきている。

5.2. 発話（やり取りと発表）

会話活動や、意思・意見・考えを話す活動は、これからの高等学校段階で重視される指導項目である。英語重点校などの意欲的な学校では、課題を与えて準備をさせ、生徒の発表に基づいて質疑応答を促す活動も取り入れられ

ている。こうした学習は、英語部や選択クラスで細々と実践されてはきたが、今後は主流になると思われる。統合型の技能学習指導の導入によって、授業の姿が大きく変わっていく。

　円滑に発話するためには、それを支える発表語彙が必要である。教材を見ているだけでは、読解用の受容語彙に留まってしまうため、教材中の表現形式を使いながら、学習者が自ら発話する訓練を積み重ねていく。

　同様に、「話せるようになること」を期待して、英会話番組を視聴しているだけでは、聴解用の受容語彙にしかならない。相手から投げかけられたことばに対して、応答することばを生成し自分の口から発話することで、初めて発表語彙が記憶されていくのである。

　発音学習は、自学自習教材で授業外に行うことを推奨する。基本的な練習方法は、以下を1サイクルとして、必要な回数を繰り返す（『外国語音声の認知メカニズム』178頁）。

　自分の声を吹き込む → 録音された自分の発音を聞く
→ 自分の声を吹き込む → 模範発音を聞き、改善点を理解する
→ 自分の声を吹き込む → 録音された自分の発音を聞く
→ 模範発音を聞く

5.3. 読解

　読解素材の内容を理解し、それを基にして何らかの表出を行うことによって、さらに素材を生かすことができる。対象を深く理解するためには、自ら内容に批判的思考を加えて、意見や見解、主張を表明することが有意義な活動と言える。

　従来の教科書は、読み物が束ねられた読解教材が主流であった。「読み方」の学習や内容理解、英問英答、付随した関連資料など、素材を発展させて学ぶための工夫は乏しいと思われる。素材に対する選択肢問題が、少しばかり付属している程度の教科書が多く見られる。これでは、読んで訳して終了、

という指導方法から脱却することは難しい。

こうした教材から生徒は、どのような読み方を身につけて、素材を読み終わった後、なにを学び取り如何なる知識を記憶していくのか。段階的に培う読解能力を整理して、到達目標の明確化が必要である。統合技能を考慮した授業展開を提案し、そのための表現形式を用意することは、教材作成者が緊急に着手する仕事であろう。

5.4. 作文

高等学校段階で、本格的な自由作文指導を展開することは、非常に挑戦的である。通常は、表現形式を学習するための制御作文が中心であり、数文から成る文章を書くことで精一杯ではないか。生徒自身のことばで、立場や見解を口頭で表明できれば、自由作文に入っていく前段階にあるが、現在の教育体制下で、ここまで到達することができるのは、英語の授業時間が多い重点校に限られると思われる。

一方、メール文などの口語体を書く活動が増えつつあるが、チャット程度の短文では文章作成能力は培われず、発話の延長に過ぎないことに注意が必要である。依頼、謝罪、提案などの文章は、文章の型と表現形式を着実に指導されて初めて、適切に書くことができるようになる。これは、大学英語教育で養成される上級段階の学習項目である。

6. 指導上の留意点

この節では、本章の重要な観点をまとめておきたい。高等学校段階は、生徒の個人差が生じており、学校間でもいろいろな特性が現れている。基礎的な英語力定着、高度な表出能力育成、職業で必要とされる英語能力の獲得など、教育目標は多種多様である。

公立高等学校教員には、配属先によって指導する英語の特徴が異なるので、柔軟で卓越した英語力と、専門性の高い指導技術が求められるようになっている。各校が一律に「読んで訳していれば済む」時代の終焉であり、

学習者の学びが保障された、新たな英語教育への進歩が期待できる。それを可能とするのは、教材と指導法の確立に向けた努力、さらには、教師の向上心がその支柱となる。

6.1. 音声

　長文解釈に音声を用いる。特に、まとまりのある文章が、自然な速度で話されたときの音声変化や音声脱落を、意識的にとらえることを学習する。文字列としては単純で簡単に見えても、音声で与えられると理解することが困難な音声連続が多いため、英語音声の特徴を具体的に教示し、リスニング能力を向上させる。また、さまざまな声や癖、音質、発音特徴、さらには、環境音（自然音や雑音など）を伴う発話の状況などに対応できるように、聞くための素材を多様にそろえて提供し、自律学習を促す。

　再生速度を人為的に操作する「支援」は無意味である。生徒が「速すぎて分からない」と、スロー再生を必要とする場合は、聞き取る分量を句または一文程度とし、数回再生する。こうした生徒は、数文続く文章の聞き取り活動を行う段階ではないため、速度ではなく、聞く文の数を調整する。

　高速再生に対しては、聴覚器官は倍速程度まで対応することができるが、その必要がある視覚障害者以外には、無用な訓練である。音声連続を高速で解読することと、内容理解とは別の能力であり、不自然な高速音源へ慣れても、完璧な理解が担保されるかは保証がない。

　聴解は専用の教材を一貫して使用していくことが重要である。突然「入学試験過去問題」などを演習しても、多くの生徒にとって、段階性の逸脱によるつまずきに直面するため、すべての学年で系統的な指導が求められる。

　学習者は、音声に接触する、たゆみない精進を積み重ねた結果、消えていく英語音声を、無意識に瞬時にとらえ理解できることに、ある日、突然、気が付くであろう。これは、母語と同様の外国語音声処理メカニズムが、脳内に完成したことを意味している。ただし、聞いて話すことを継続していかないと、構築した神経回路は数週間も経たず、急速に減退していき、いずれは消滅してしまう（第5章7.5. 参照）。

6.2. 文字

つづりと発音を安定させる。自分の手で確実に書けるように、パソコンの自動スペルチェックを多用させない。また、コロンやセミコロン、ダッシュを含めた句読法も指導する。

高等学校段階で、鏡文字を書く生徒は、自分でそのことに気が付いている場合が多い。初級段階での、文字とつづりの指導上の誤りが原因であるということは判明しているが、中学校段階で見過ごされたため、未だに解決策は見つかっていない。「学習障害者」と、ラベル付けだけされて満足な支援を受けることのできない、あまりにも不幸な現実がある。こうした学習者が増加しており、小学校段階での、文字とつづりの導入に、慎重さを求めるゆえんである。

6.3. 語彙

豊富な語彙を、自然な言語使用の中で学習することを目指す。その際、単語の共起を含めた、運用能力としての語彙知識を獲得させる。単語帳と単語テストに依存することなく、偶発的な習得を目指して、さまざまな音声・文字素材に、継続して積極的にふれる機会を充実させる（第2章2.1.1.参照）。

6.4. 構造

英文解釈のための、正確な構文理解を促進させる。機能語、同格、挿入、関係詞、並列構造など、句や節の正確な理解を図る。これで、英語の文法指導は完了する。英語教育の目標が、意思疎通のための基礎的手段を獲得することであるならば、英文法は規則の暗記のためではなく、英語を理解し表出することを補助する道具と位置付けることができる。

認知心理学によると、思考形態には、二種類のタイプの学習者が存在する。英文を解析対象として、メタ言語知識によって理屈で理解することが得意な一部の分析型学習者と、文法用語による抽象的な説明を嫌い、用法・用例に基づいて運用する多数の全体型学習者である。

したがって、未来完了進行形、仮定法過去完了などの、不可解な文法用語

による、機械的な文の羅列と暗唱は無意味であり、学習意欲の大幅な低下をもたらす。この時間は、場面、文脈、状況下での活動に振り向けたほうが、多くの生徒にとって有意義な授業となる。

　教師の基本的な素養として、言語学は必須であるが、語法練習の多用には、再考が求められる。ただし、文法訳読法、構文解析技術は、完璧に獲得しておくべき指導技術であることは、言うまでもない。

6.5.　運用

　英文法で学習した仮定法や助動詞を、的確に用いた発話行為（依頼や提案など）ができるように、発表語彙として表現形式を再学習する。場面を想定して実際に運用してみる。生徒の個性に合わせて、活動（タスク）中心の教材を用いて、話す・書く機会を充実させる。丁寧表現などは、「語彙中心の指導法」によって、声の高さ、速度、間の取り方といった適切でふさわしい発音方法を含めて、実践的な学習を重ねる（第 2 章 2.3. 参照）。

第8章
新時代の英語教育を支える分野

はじめに

　日本の英語教育においては、伝統的に英文学と英語学が、その主幹を成してきた。これらの知見は、訳読法として収斂され、日本人の精神風土に息づき、脈々と引き継がれてきた。

　国際的な貢献が求められる現代、ことばとしての英語運用能力を育成する教育を推進するためには、語彙と文法の知識（言語知識）を、聞く・話す・読む・書く技能（言語技能）をとおして学習して、身につけていくことが必要となる。

　この過程を支えていく認知機能は、感覚運動器官と脳である。その構成要素は、音声・文字言語解読処理、統語・意味処理、高次の解釈能力、表出モニター機能である。したがって、従来の言語記述・言語分析のための文法だけでは、外国語学習の基盤を築くことには限界があり、言語理解・言語表出のための文法が果たす役割は大きい。この章では、こうした教育を支える基礎研究について概説する。

　具体的には、聞く・話す指導を支える音声学と音韻論、コミュニケーションや、語彙と文法の自然な運用に向けた素材を与える語用論、言語の習得と処理、記憶や学習のメカニズム解明を目指す認知科学、自学自習・自律学習を促し個人差へ対応する、コンピュータを活用した語学学習（CALL）と、人工知能（AI）についてまとめる。

1.　音声学・音韻論の重要性

　言語音声を観察・記述・分析して、説明を加える音声学・音韻論研究は、言語の本質を追究しているものの、華やかな研究ではなく、注目されることの少ない地味な分野である。しかし、現代は、音声認識技術開発に代表される電子情報科学と連携して、私たちの暮らしを豊かにしている、縁の下の力持ちとなっている。外国語の音声学習に対しても、理論・実践・応用で示唆に富んだ領域と言える。

第 8 章　新時代の英語教育を支える分野　183

　ヨーロッパでは、母語話者が発する標準的な発音に、学習者が接触し続けることと、非母語話者教師に対する音声学教育の意義が強調され、今や、外国語教育の常識となりつつある（第5章7.1.参照）。

1.1.　聴覚と調音の理解

　音声学には、発音方法を説明する調音音声学、聞こえに関する聴覚音声学、物理信号としての音声を分析する音響音声学がある。音韻論は、音声変化を含めた音韻特性を、規則で記述する学問分野である。

　英語音声の観察、記述、説明は、ほぼ完了しており、伝統的な音声学はすでに確立し、入門書や概論書は充実している。さらには、学習教材へと応用が図られている。

　最先端の研究は、音響音声学と音韻論を駆使した、音声認識技術の開発である。さまざまな声の話者が話すことばを、正確に受信して文字化したり、操作したり、応答したりする技術が急速に進んでいる。背景となるのは、スペクトログラムに代表される正確な音響解析データ解読と、音韻規則のアルゴリズムである。したがって、音の物理法則を中心とした、理学や工学と深くかかわる理系の分野である。現在、人工知能を活用した、膨大な音声データの解析が進められ、自動的に人間言語の音響特性が把握できるようになってきている。

　日本の英語学界では、生成文法と認知文法が注目を集めてきたが、英語科教員養成における音声学と音韻論の地位向上と、積極的な知見の普及が求められる。今後の英語教育では、音声指導が中心的な役割を担っていくため、音声学と音韻論、その応用研究に関する講義と演習を充実させていくことが望まれる。特に、小学校段階の英語教育では、日本人英語発音の克服のためには、アメリカ一般発音（GA）か容認発音（RP）の修得が不可欠となる。

　聞く・話す教材と指導法開発には、音声学と音韻論の知識が必要である。聴覚、調音、音響特性などを理解した上で、教育との融合を目指す。教員養成担当者や英語科教員、開発者にとっても必修の分野である。音声認識技術を活用した教材・教具は、児童や生徒は勿論のこと、教師にとっても心強い

助っ人となる。

1.2. 音声変化対策

　英語は音声変化が激しい言語であり、母語話者の聞き誤る頻度は高く、歌詞を取り違えたり、発話に対して全く異なる解釈を行ったりすると報告されている。このように英語は、音声の脱落、弱化、変化が頻繁に発生することが自然に起きる言語なのである。

　その大きな原因は、強弱のリズムに合わせて、弱くなった部分が音声変化を起こすためである。子音連続や、子音で単語が終止することが多く、無声子音は聞き取りにくい。一方、日本語は、子音と母音で大部分の音節を構成しているため、英語と聞こえ方が大きく異なっている。

　音声変化は、発音の流れ（調音動作）を円滑に行う結果、自然に生じるために方言差はなく、アメリカ、イギリス、その他、どの英語にも共通して見られる現象である。音声変化に慣れることは、聴解および発音能力向上には必須の課題である。

　音声変化には以下のものがある。

① 　**音脱落・音省略**：t と d，h
- /t//d/ の脱落は、子音に囲まれている場合、母音の直後の場合、無声子音＋t・有声子音＋d の条件下で生じ、h の前と否定の n't の場合起きにくい。
- and では、/d/ の脱落が起きる。
- 規則動詞の過去形・過去分詞語尾の脱落は、頻度が高く、意味情報を理解する上で、注意が必要である。

  last night, bold man, locked door, exactly, send them, etc.

- /h/ 脱落は、文頭以外の場所で生ずる。

  tell him, Does he…?, come here, etc.

第 8 章　新時代の英語教育を支える分野　185

② **音同化**：後続する音に変化する。
  ・ /t, d, n/ に /p, b, m/ が後続する場合、/t/ → /p/, /d/ → /b/, /n/ → /m/ に変化する。
  ・ /t, d, n/ に /k, g/ が後続する場合、/t/ → /k/, /d/ → /g/, /n/ → /ŋ/ に変化する。

that/p/ man, that/k/ car, bad/b/ boy, bad/g/ girl, ten/m/ pens, ten/ŋ/ keys, front garden /frʌŋk ga:dn/, couldn't be /kʊbm(p) bi:/, cold cream /kəʊl(g) kri:m/, won't go /wəʊŋk g əʊ/, red/b/ book, one/m/ by one, shouldn't come / ʃʊgnk kʌm/.

  ・ /t, d/ に /j/ が後続する場合、/t/ → /t ʃ/, /d/ → /dʒ/ に変化する。
    di<u>d y</u>ou, won'<u>t y</u>ou, woul<u>d y</u>ou, etc.

  ・ /s, z/ に /j/ /ʃ/ /ʒ/ が後続する場合、/s/ → /ʃ/, /z/ → /ʒ/ に変化する。
    I<u>s</u> she…?, dre<u>ss</u> shop, thi<u>s</u> year, doe<u>s</u> she, etc.

③ **連結発音**：母音＋母音が連続する場合、/r/ が挿入される。つづりに r があり、母音が後続する時は、全ての英語で /r/ を発音する。

  ・China_and Japan（China rand のように聞こえる）,
  ・draw_it（draw rit のように聞こえる）,
  ・saw_it（sorry のように聞こえる）,
  ・idea_of（idea rob のように聞こえる）,
  ・Linda_and Bob（Lindaran のように聞こえる）, etc.

bare_it, bar_and pub, never_imagined, where_I, before_I, care_about, our_own, there/here_is, etc.

④ **同音異語**：同じ音に聞こえる、2つの単語の連続が全く異なるもの。

- ・I scream ― ice cream,
- ・gray/grey towels ― great owls（方言による差異がある），
- ・Jay caught ― Jake ought, etc.

1.3. 英語音声教育上の大切な観点

　この節では、小学校段階、中学校段階、高等学校段階の英語教育において重要となる、音素、音節と単語・句・文、呼吸法について、日本語と比較しながらまとめたい。伝統的な音声学と音韻論の知見が、教育実践に多大な貢献を果たした成果である。

1.3.1. 音素（母音・子音）

　音素とは、人間が知覚・発音することが可能な最小の音声単位であり、母音と子音がある。

　英語の母音は、日本語よりも細分化されているために、知覚と発音の際には、非常に困難な要素となる。母音は、舌の丸め方、高低、前後で区分され、調音位置（音声を作り出す場所）と調音様式（音声を作り出す方法）によって、学習していくことができない特徴を持っている。

　そのため、現在は、聴覚訓練に依存することにより、聴覚器官の鋭敏で高性能な、周波数自動調整機能に委ねる学習方式となっている。子音のように、目で確認できる明確な手法がなく慎重に学習を進めていく。聞き分け能力が安定してから、舌の動きを調整しながら発音練習を重ねる。母音の出現頻度は極めて高く、意味に直接影響を与え音声言語の中核を担うため、安定した獲得が必要である。英語の方言差は、母音に生じる点が課題である。

表8-1　日本語と英語の母音対立

・アと /æ/, /ɑ/, /ʌ/, /ə/	・イ・エと /i/, /ɪ/, /ɛ/
・ウと /ʊ/, /u/	・オと /ɔ/, /ɒ/

子音は、調音位置と調音様式に基づいて、正しく学習を行っていく。図解
や映像などを見て、意図的に調音動作を理解することによって、知覚と発音
を獲得することが可能である。

表8–2　日本人英語学習者にとって、難しい子音

・th とサ・タ・ザ・ダ行、f や v との混乱	・f とフ、v とバ行の混乱
・l や r とラ行の混乱	・/ʃ//ʒ/、/tʃ//dʒ/ の正確な区別
・/t//d/、/s//z/ とツ・ズの干渉	・明るい /l/ と暗い /l/ の区別
・/p//t//k/ の呼気の強さ	・英語らしい r の発音
・/w/ の母音化	

1.3.2.　音節

音節とは、音韻論において、自然な音素のまとまりとされている。基本的
に日本語は、子音と母音が組み合わさって一つの音節を構成していて、これ
は仮名文字として具現されている。

英語は、sprint や strong のように、子音連続が最大三つ許容され、子音で
音節が終止する場合も多い。英語の音節区切り位置の規則には一貫性が乏し
く、Oxford の辞書編纂時に音声学者が協議して、合意結果を単語ごとにハ
イフンで切って示している。したがって、自分の感覚で勝手に区切って、強
勢位置などの問題を作問すると誤るため、必ず辞書で確認をする習慣を付け
る。言語は、音節が基本的な単位となって単語を形成していくため、音節レ
ベルの誤りは、ことばを成立させる上で致命的と言える。

日本語を転移させるカタカナ表記は、子音で終わるべき部分に、英語とは
異なる日本語の母音を加える、不自然な音韻特性を誘引してしまう。そのた
め、英語音声学習上は、極めて重大な弊害を引き起こす。また、メークのよ
うな二重母音を長音で発音する、カタカナ英語も避けるべきである。特に、
英語音声を感覚的に、無意識に模倣して体得する小学生に対しては、カタカ
ナ表記による英語指導を行うことは、日本語の音声体系で英語を代用する習
慣を形成してしまう。

カタカナに依存した指導は、深刻なつまずきの素地を生み出す原因とな

り、非常に不適切な授業実践である。英語と日本語の音声は異なっている、という当たり前のことを入門期に経験しなければ、英語を学ぶ意義が完全に失われてしまう。また、この時期に、アルファベットや仮名文字を多用することは、音声への注意・注目を阻害し、後の学習に負の影響をもたらす。

1.3.3. 単語、句、文

　単語、句、文レベルでは、日本語は高低の言語であり、正確な抑揚が大切であるが、英語の強弱とは韻律体系が大きく異なっている。英語は、単語内に強く発音される部分があり、さらに句や文中に強弱のリズムが発生する。その結果、音声変化、弱形、脱落が頻発し、たとえ簡単な単語連続であっても聞き取りが難しくなり、意味解釈を誤ることになる。

　be動詞、代名詞、助動詞、接続詞、冠詞、前置詞、その他の機能語は、頻繁に弱化する傾向がある。英語では、リズムとそれに伴う変化の体得が最重要課題となり、適切な段階に入ってから、聞いて発音する練習を積み重ねていくことによって、効果が得られる。

1.3.4. 言語独自の呼吸法

　英語と日本語とでは、句や文の表出には呼吸法の違いがある。肺からの気流の流れが空気圧の差異となって現れ、言語ごとに異なる、独特な韻律の響きを生み出す。言語間には、音節構造や韻律、調音動作に伴う気流の違いがあるため、バイリンガルの話者であっても、二つの言語の発声方法は全く別のものである。

　一方、日本人英語話者の多くは、日本語の呼吸法で英語を発音していくため、「日本人英語」が決定的なものとなる。つまり、英語らしき単語や句が、日本語の音声体系に取り込まれた響きの印象を聞き手に与える。さらに、文章レベルになると、日本語の韻律と区別がつかなくなり、日本人以外の聞き手の理解容易性は著しく低下する。

　そのため、小学校段階、中学校段階の英語音声教育において、学習者自身が自律学習による発音練習をとおして、無意識に英語の呼吸法を体得してい

くことが理想的である。

1.4. 母語同一化音声処理

外国語の音声を知覚したり、発音したりする際に、母語の音声体系に依存して代用してしまう傾向がある。上述したとおり、たとえば、th の音を s と混同するものである。音声学習における最大の困難点は、母語に存在しない、さらには母語と類似した音素や音声特徴を、どのように知覚し表出するかである。

外国語の音声に対して、母語を基に処理する現象を、母語同一化音声処理という。母語同一化音声処理は、音素レベルに留まらず、音節や単語、句や文のレベルにも現れてくる。

1.4.1. 母語同一化音声処理の克服必要性

母語同一化音声処理は、外国語学習上、避けることができない認知処理である。そのため、1922 年に来日し、文部省英語教授顧問となった、Harold Palmer の時代から、英語音声教育は、経験だけで無秩序に展開するのではなく、科学的な根拠のある音声学と音韻論を、積極的に援用するべきであると提案されてきた。英語科教員養成では、音声学や音韻論の十分な教育の必要性を再認識しなければならない。

国際社会では、各国の英語学習者が、英語母語話者の発音を目指して学習しておかないと、訛りや表現の誤解からコミュニケーションに支障を生じ、意思疎通の手段としての、英語が機能しなくなってしまう。とりわけ日本人訛りは、日本人英語学習者には理解可能であるが、多くの英語母語話者や、非英語母語話者にとっては、何語かすらも、理解することに苦労を要する不可解な発音である（第 3 章 1.4. 参照）。

公教育として英語を指導する場合は、英語母語話者の音声を聞かせ、かれらの発音を目標として学習を進めていく。学習者は、結果として日本人英語となってしまうことはあっても、最初から母語同一化音声処理の影響を受けた、日本人訛りの英語に満足することは、望まないことと思う。

1.4.2. 母語同一化音声処理と年齢要因

「外国語学習は、早い年齢から始めるほうが効果的である」と、言われている。しかし、音声面については、方法を誤ると深刻な影響を及ぼすことが、言語病理学や早期外国語教育の調査で分かっている。特に、小学生の英語学習においては、最も慎重を要する年齢域である。子どもは、英語の模倣が上手で、母語話者のような綺麗な発音をすると驚かれる。これは、論理的分析を加えずに、そのまま模倣を忠実に行うことができる、具体的操作期の認知発達段階の特徴である。

また、小学校三年生くらいまでは、「木曜日」をFursdayと発音したり、「いつ」をfenと発音したりもする。これは、脳内に存在すると仮定される言語習得装置の名残である。英語母語話者の音声習得でも見られる現象であり、無意識に唇の摩擦を感覚器官で知覚しているためである。

しかし、大人が「さーずでい」や「ほえん」などと日本語の音声で訂正すると、子どもは感覚的に英語音を日本語音と結合させて、母語同一化音声処理が誘引される。

音素、音節、イントネーションのいずれにおいても、日本語式に英語を発音すると、子どもは、英語も日本語も同じ音で構成されていると認識して、英語を積極的に日本語音で使うようになる。加えて、英語学習を、好き・嫌い、楽しい・つまらない、心地良い・不快など生理的にとらえ、学習に興味を失った場合は、日本語の中に英単語を混ぜて遊び始め、ますます母語同一化音声処理に拍車をかける。

子どもには、知らず知らずのうちに身につけたことは深く定着するため、一旦、感覚運動器官に設定されてしまうと、後の学習で修正することが極めて難しくなる。発音のみではなく、音声の識別・聞き取りにも深く影響する。英語と日本語は音声的に同じと脳神経系に刷り込まれ、英語の音声特徴を知覚し表出する習慣形成は行われず、音声的違いに対する鋭敏な反応も鈍化して失われていく。日本語の発音を基にして英語を聞き話す、母語同一化音声処理に陥ってしまうと、克服が困難となる。

したがって、小学生の英語学習では、子どもが生得的に持っている無意識

に発揮される能力を最大限引き出すために、母語同一化音声処理が生じにくい学習方法を、採用するべきである。

　一方、形式的操作期を迎えた中学生以降の学習者は、しだいに英語と日本語の音声の差異を分析的に知覚し、違いを理解しようとして、日本語に存在しない音声には違和感を抱くようになる。同時に、恥ずかしがったり、わざと日本語風に発音したりして、目立つことを避けようとする。これは、帰国子女が、日本語訛りに矯正する心理からもうかがえる。小学校高学年から中学校にかけては、こうした青年心理学的特徴が見られる。

　中学生以降の学習者は、日本語と英語の識別能力を、意欲的な自律学習によって獲得できるため、母語同一化音声処理を回避することができる。外国語の音声学習は、中学生段階が最も効果的であると報告されている。

　小学校段階で、アメリカ一般発音（GA）か容認発音（RP）に豊富にふれ、中学校段階で、自然な英語音声の特徴を整理し分析的に理解していく。高等学校段階でも、継続して自律学習を促しながら、個別学習できる環境を提供することが有意義である（第3章1.3.参照）。

2.　語用論研究への期待

　「コミュニケーション」が、英語教育を語る際の頻出語となって、30年近く経とうとしている。日常的に使われるこのことばは、あたかも周知の基礎語として、教育界を席巻しているように見える。しかし、実際のところ、このカタカナ語の定義は不明であり、使用者によって、解釈や意味するところが異なって漠然としている。実感として理解されていないため、それが教育界の混乱を招く大きな要因となっている。

　コミュニケーションを、研究対象とする分野が語用論である。これほどに耳慣れている用語ではあるが、学術研究はあまり進んではいない。断片的な観察記述と説明は散見されるが、体系的なデータ収集と分類、理論化は停滞してきた。

　その結果、このことばが普及している割には、教育実践に応用することが

できる素材は整っていないのが現状である。場面、文脈、状況に応じた表現形式が、コーパスを駆使して系統的に整理されていけば、語彙・文法指導は飛躍的に向上するはずである。こうした、根気のいる地道な研究を積み重ねる、言語学を志す若者の出現を待望している。

2.1. 場面、文脈、状況とはなにか

どのようなときに、如何なる表現形式を使用することが適切であるのか。通常は一文で完結することはまれで、複数の文が生成されていく。それらの単語構成と、ことばどうしの関係性を築いているものはなにか。

買い物や旅行、郵便局や銀行といった場面、時間や空間といった概念、丁寧さを求められる文脈、初対面の来訪者を接客する状況といった、言語運用の側面を精緻に観察、記述、説明する基礎研究が、コミュニケーションのための言語教育では求められている。

隆盛を誇った生成主義・認知言語学理論に基づく規則による文法や、特殊用語を駆使した現象説明は脚光を浴びてきたが、言語運用の領域はあまり注目を集めず、世界的に研究が非常に遅れている。教材開発には、学習段階に合わせた表現形式の教示を可能にする、分類された基礎素材が不可欠である。運用能力育成の観点からは、緻密な語用論研究の完成が急がれる。

一般的な英語教材で採用されている場面、文脈、状況の例を、以下のとおりまとめておく。これらの区別は厳密ではなく、便宜上の区分である。教材によっては、「概念と機能」として表記している場合もある。

表8-3　場面・文脈・状況の分類

場面	文脈	状況
挨拶、紹介、電話、招待、旅行、買い物、銀行、病院、食事、スポーツ、社会問題、環境、住居、法律や社会秩序、政治	予定、出来事、計画、指示、援助要請、勧誘、問題解決、謝罪、提案、苦情、許可、感謝、叙述、記述や説明	初対面、立場や関係、出身地、趣味、健康、勉学、仕事や職業、金銭、感情表現、人生設計、冗談やタブー

2.2. 文法の自然さと表現能力向上

　主語、関係代名詞、仮定法といった言語記述・言語分析のための文法だけでは、運用能力の育成は望めない。丁寧な表現形式を生み出す助動詞過去形や仮定法として、使用する状況の中で体験しながら学習を進めていく。

　ことばとしての英語を学ぶためには、自然な表現形式の学習こそが重要であり、文法規則を覚えることだけではないはずである。文法規則を機械的に学習するドリル方式には限界があり、文法は補助的役割を担うに過ぎない。言語理解・言語表出のための文法は、無機的な規則の暗記ではなく、用法・用例は、技能をとおした活動の中でこそ培われていくものである。習慣となっている、記号操作のような規則に傾斜した文法指導の在り方に対しては、教育関係者の意識改革が求められる（第2章2.2. 参照）。

　ここで、助動詞を含めた過去形や否定形、仮定法を用いた頻度の高い丁寧表現、口語体と文語体の違いを以下のとおり例示したい。

　　　　・Don't be tempted by …
　　　　・Could you do me a favour and …?
　　　　・Is there any way you could …?
　　　　・I was wondering if you would …
　　　　・I would give … a miss if I were you.
　　　　・I would steer clear of …
　　　　・I would not bother -ing …
　　　　・I would not recommend -ing …
　　　　・If you fancy …, you could try …
　　　　・You are best -ing …
　　　　・You could not …, could you?
　　　　・You would not happen to …, would you?
　　　　・Would it be at all possible to …?
　　　　・Would you know … by any chance?
　　　　・Would you mind …?

ask for / request, Can you …? / I would be most grateful if you could …, the
chances of getting hold of … / the possibility of acquiring …, give me back /
reimburse me, let me know / inform me, more info about / further information
regarding, send / forward, tell you / inform you of the fact, telling people not
to / advising against

　現代言語学が唱える英文法、たとえば生成文法や認知文法は、生徒の理解
促進に寄与するかを、慎重に見極めることが先決である。分かりやすい説明
や原理原則を与えることは確認されているが、あくまでも英語の一側面、限
定的で局所的な現象に対する知識提供であって、運用能力育成に直結しない
ことには注意が必要である。生成主義言語学を英語教育に応用することへの
無意味さは、すでに 1990 年代に Noam Chomsky によって断言されている。
　伝統文法の安定性に比較すると、現代言語学の成果は、外国語を話す・書
くための、言語理解・言語表出のための文法として構築されてはいないの
で、今後の教育実践上は有効性が乏しいものと言わざるを得ない。英語教育
に使用する文法は、統語論だけでは限界が見えるため、語用論研究を基盤と
した「場面、文脈、状況の英文法」を推奨する（第 2 章 2.3. 参照）。

3.　認知科学の知見

　認知科学は、人間の知覚、記憶、思考などの知的機能に対して、大脳生理
学、神経科学、心理学、言語学や電子情報科学などの、さまざまな分野の視
点から研究する、文理融合の総合的で学際的な分野である。人間が知的機能
を、どのように習得し、保持し、それを用いて外界を認知するのかを解明し
ようと挑んでいる。
　コンピュータを用いて、人間の知的機能を再現する研究方法も、認知科学
の一つの分野を形成しており、シミュレーションやロボット研究として、成
果が蓄積されている。究極的には、人間の感覚運動器官と脳内情報処理の様
相を精緻に解明し、コンピュータシステムやロボットなどで再現する、応用

研究が注目を集めている。

　以下では、認知科学と外国語学習とのかかわりをまとめる。

3.1.　入力系（音声・文字の解読）

　聴覚器官（耳）から入ってきた音声刺激は、蝸牛基底膜有毛細胞での周波数選別を経て脳へ送られる。正確に音声識別ができていれば、正しく語彙を抽出することができる。視覚器官（目）や触覚器官（指先）から入ってくる文字（点字）は、形状認識を経て単語として認識される。嗅覚と味覚の情報は、言語でラベル付けを行って、外国語ではどのように表現するのか、という高次の言語化と関係している。ここでは、感覚器官（聞く・読む）の相互間の関連を述べていく。

　文字学習の初期段階で獲得される能力は、音韻認識能力と文字識別能力である。ことばを音声で定着させて、その音のまとまりである音節が把握できるようになり、続いて母音が識別される。最後に、分析可能な音声の最小単位である音素（子音）に、区分することができるようになっていく。文字識別能力は、一つ一つの文字の識別から、連続した文字列の視覚イメージに基づく瞬時の把握まで、高度で複雑な認知処理によって導かれ、発達していく。このように、文字の獲得には、音声に対する音韻認識能力が前提となっていて、時間をかけて習得されていく。

　また、読解は、視覚と記憶、間接的には聴覚と調音、意味との円滑かつ瞬時の連携が必要とされ、極めて複雑なプロセスである。まとまりのある文章の読解中は、調音器官を動かさないまでも、内語として音声規則と交信している。読解中に、意識的あるいは無意識に、頭の中で発音したり口を動かしたりして、読み上げを行っていることがある。文字列から意味を解読する際には、背後で音声規則が媒介しており、見慣れない単語や不思議を感じると、対象の文字列を声に出して音声化しようとする現象が、母語、外国語を問わず見られる。

　読解能力を支える文字解読の獲得では、それぞれの段階に必ず音声規則がかかわっている。

表 8-4　文字解読能力の獲得

① 文字を形として認識して、発音と結び付けていく段階。
② 文字の配列と、発音を結び付ける段階。
③ 単語の連続と、まとまりのある音声を結び付ける段階。

　初めは、一つ一つの文字と音声を結び付けて、文字一つずつを拾いながら読んでいく。しだいに音声規則は副次的となり、文字から意味へ直接に結び付けられるようになる。

　この処理を、提唱された独自の訓練法によって強化した「速読術」は、感覚器官と脳神経系の再構築を図る読解方法である。音声系統を全く介さずに遮断して、眼球運動を高め、視野を広げ、視覚刺激としての文字連続から、瞬時に意味を読み取る特殊技術である。

3.2.　中央系・処理系（意味の抽出と理解）

　感覚運動器官から伝送されてきた情報が、脳のさまざまな部位で分類、解析され意味が付与される過程を経て、次の行動や反応を準備する段階である。脳からの指令は、痛い、酸っぱい、臭いなどの刺激から、不快感などの生理作用、さらには感情表現や行動へと移行していく。

　母語の理解では、音声・文字連続から意味を抽出する過程は、非常に高速で遂行されて、瞬時に要約したり応答することができる。外国語の場合は、語彙と構造の処理、意味理解、伝達内容の解釈、意図の推量などが、円滑に行われることを目指す。

　外国語学習は、段階的にこうした能力を高めていくことである。処理過程の、どの段階で母語に変換するのか、意識的・無意識に成されるのか、などが興味深い課題である。

　英語を理解するためには、動詞を核として主部と述部を見つけ出し、句や節を的確にまとめ上げ、修飾句を正確に把握していく方策が必要となる。これが構造言語としての英語の処理方式であり、円滑な聴解と読解は、構造・構文を瞬時に把握することができて可能となる。

第 8 章　新時代の英語教育を支える分野　197

表 8–5　英語の理解過程

① 音声または文字の流れから、正しく単語や句を抽出する。
② 構造・構文を把握して、動詞の前後をまとめ上げ、意味に変換する。
③ 文単位を理解して、文のまとまり（段落）を解釈する。
④ 背景知識と照合しながら、文脈と内容の意図を理解する。

3.3.　出力系（話す・書く）

　受信した刺激や情報に対して、反応し行動する段階である。痛いのでさすったり、あまりの酸っぱさに顔をしわくちゃにしたり、煙いので鼻をハンカチで押さえたりする。感情を表情やしぐさで表す、ことばにして話す・書く、行動に移すといった方法で、出力系は入力刺激に対して、なにかしらの反応を起こす。

　外国語では、出力系は、発話、文章作成の技術として発揮される。ことばは、キャッチボールのようにたとえられるが、聞き話す会話、読み書く電子機器上のやり取り、指示と応答など、通常の言語使用は、受信と発信が不可分の関係にある。

　しかし、従来の英語教育の指導においては、話す・書くことが切り離されて、あたかも選択科目のように扱われてきた。抜本的に教育方法論を見直して、技能の統合に向けた授業改善を普及させることが、表出能力向上への確実な一歩となる。

表 8–6　英語の表出過程

① 関連のある情報を整理して、伝えたいこと（意図や意向）を生成する。
② 表現形式を、選択する。
③ 表現形式を、組み立てる。
④ 情報構造や、イントネーション（話し方や表現方法）の決定を行う。
⑤ 調音器官を稼動させる。手や指先といった身体器官を調整する。
⑥ 生成したことばを瞬時に確認して、脳内の監視システム（モニター）により、修正や訂正を行う。

脳内の監視システムであるモニターは、話者自身の表出を絶えず監視して、音声、文字やつづり、語彙、構造（文法、構文、形態素）、運用面の誤りを自己修復する役割を担っている。内容全体、表現や韻律の的確さも監視している。実験研究によると、発音面の修正が最も頻度が高く、言い誤りや書き間違いの直後に修正が行われる。会話では、相手の発話に対しても、モニターによる修正機能が同時に働いているため、言い間違いなどは、相手の言語形式を予測して先読みし、自動的に修復される。

　たとえば、英語母語話者は、日本人英語学習者が落としてしまいがちな、三人称・単数・現在形の発音については、モニターで自動修復するために、会話中は、誤りとして意識してはいないと報告されている。

　モニターのチェック機能は、意識的・無意識に働くが、獲得した言語知識がそれを可能にしている。外国語学習者の場合、全ての段階で意識的にモニターを作動させていないと、冠詞、一致要素や時制の形態素などを脱落してしまうことが多い。

　現在、以下のモニター機能が想定されている。

1.　意図が正確に言語化されたかを確認する、概念監視モニター
2.　言語理解システム（聞き手と話し手、双方のことばを監視）
3.　表現選択を確認する語彙モニター
4.　文法的誤りを確認する統語モニター
5.　句の境界を確認する句構造モニター
6.　発音する直前に指令を出す調音モニター
7.　調音動作を確認する遠心モニター
8.　入力・出力信号を短期的に確認して、感覚運動系を調整する
　　感応・固有受容モニター
9.　触覚系と連動して、調音動作を確認する感覚モニター
10. 全体の処理過程を監視する予備・補助システム
11. モニターの結果を集積する記憶システム

4. 新技術の可能性と活用

　情報科学や認知科学の進歩により、人間の脳をモデルとした理論構築と、応用が急速に進んでいる。コンピュータ技術が支える革新的な発展である。その恩恵を教育の分野でも受けることになる。

4.1. 聴覚と調音器官への支援具

　音声認識技術を活用した、スマートフォンアプリケーション、パソコンソフトが提供され始めている。人工知能を搭載した、会話支援ロボットも登場した。日進月歩で、これら機器の精度は向上してきている。

　音声学習が最も効果的な年齢域は中学生であり、思春期特有の恥じらいもあるため、個別学習が最適である。聞く・発音する学習には個人差が大きく、自学自習で自分が納得するまで聞いて発音し、正確さと流暢さを定着させることができる。聴覚型（耳を鍛える）、知識型（説明を理解する）の自律学習によって、聞こえや発音方法を客観的に学習していくことが、その後の英語力向上につながり、安定的な英語運用能力の基礎が培われていく。音声学習は、読み書き能力育成の観点からも疎かにしてはならない。

　留意点として、人工知能を含むコンピュータ技術の活用は、学習者の感覚運動器官との調和の中でこそ効果を発揮するものであり、際限のない使用には、さまざまな身体的、精神的な弊害が生ずることは自明である。また、視覚に傾斜したデジタル教材は、視覚器官への負荷が高く、眼科学的にも配慮することなどが必要である。小学校英語教育では視覚に偏向せず、聴覚と触覚、身体の役割をより重視した活動も推奨されている。

　今後、音声と感情、視覚と触覚の関係性、理解と表出のメカニズムが認知科学によって解明されていくであろう。科学技術による負の側面に対しては、どの段階でどのようにコンピュータ技術を活用していくのか、提示する素材の内容や分量に関して、学習者の年齢や環境を十全に考慮した提案が、守り手としての教育学の責務となる。

　視覚面では、画面上の位置・色・照度・サイズ・情報量・表示時間、聴覚

面では、提示のタイミング・分量・速度や音質など、人間の認知機能に即した根拠のある指針が、情報工学などの分野から緊急に整備されることを希望したい。技術開発では、経験と勘、推測に頼らず、各分野からの知見を、製品化の段階から反映させておく技術と良心が求められる。

4.2. 話す・書く仮想空間

日本には、外国語表出の環境が、あまりにも乏しいと指摘されている。英語を積極的に話したいのに、日常生活では、その機会に恵まれない。外国人に道案内をする程度では物足りない。また、「作文力は、書かなければ上達しない」と言われても、どこで、なにを書いて練習し、適切な文章へと、誰に修正を求めれば良いのか、見当も付かない学習者は多い。

ネットワーク環境では、参加者の相互作用を促したり、発話や、書いた文章を評価したりするサイトが整備されてきている。スカイプで即時に異国とつながり、相手の表情を見ながら会話を楽しめる時代である。学習者の発話や文章に対して、適切さを含めた評価を行い、フィードバックする機能を備えた仮想空間も登場してきた。各種あるこうしたサービスは、今後ますます精度が向上して、充実してくると思われる。

話す・書く能力は、自発的な学習をとおして、発表語彙を安定化させることによって高まっていく。CALL は、表出の機会が限られている日本では、利用者が増すものと思われる。この意味で、学習者にとって、そうした多彩な活動を提供する仮想空間は、必要不可欠な学びの場である。

今や、都市部でなければ英語母語話者は見つからない、英語は地方では学べないと、学習をあきらめる時代ではない。CALL によって世界はつながっており、意欲的な学習を補助する媒介手段として、教材や教具は充実していくであろう。スマートフォンをはじめとする電子機器が普及した今日、積極的に教具として活用していく若者は増えている。ただし、利用する場合は、信頼のできるサービスを冷静に選択することは言うまでもない。

グローバル化が進んだ現在、日本では、英語の存在自体に抵抗感や違和感が薄れている。かつては、謎めいた英語の世界に対して、何とも言えぬ憧れ

と夢を感じ、ラジオやテレビの英語番組を視聴し、文学作品に没頭して、洋画や洋楽から英語の心を学んだものである。

現代では、画面の中の仮想空間で、無機的な記号や規則の操作となって、ことばの魂が姿を消している。さらに、母語、外国語の両方で、ネット上の実体の見えない相手との、短文によるやり取りの弊害が、深刻な社会問題となっている。言語は、人間どうしの直接的な触れ合いや、言外に秘められた意味の中に存在するのではないか。

4.3. 人工知能の活用

人工知能は無限の可能性を秘めている。発話を導いたり、語彙・文法学習を支援したり、学習段階に合った素材を提供したりと、自律学習の強力な味方となり得る。教室での画一的な説明型授業を改善し、個人の学力差に柔軟に対応することを可能にするであろう。

さらに、集団や対人関係を不得手とする学習者に、他者から束縛されない自由な学習環境を提供することもできる。科学技術の進歩により、学習方法の選択肢が豊かになることは、学習者、教師双方にとって大変望ましい時代の到来が予見される。

人工知能を有効活用して、学習者の技量や能力に合わせた最適な聴解・読解素材を豊富に提供し、発話・作文を促し、フィードバックを与える。表現能力向上には、接触量と接触頻度が重要であるため、今後は英語力を向上させる方法が、大幅に改善されていくと期待される。

しかし、人工知能は、母語話者と同様に、適切で自然な文を提示することはできても、その理由は説明しないことが懸念されている。つまり、学習者の誤りを指摘して言い換えることは可能であるが、なぜ、そのように訂正したのかは、個々人に対応した解説は与えない。学習者は、正しい表現形式を覚えていくことになるが、今後、技術革新によって、こうした諸課題を解決したシステムが出現するものと思われる。

日本人教師は、学習者の意欲を高め、疑問点を解決して、理解を深める支援を行う役割を担うこととなる。

4.3.1. 人工知能の特徴と教材・教具開発

　かつて情報工学の分野では、有限の規則と無限の単語を操作することによって、コンピュータに言語理解と言語表出を行わせることが試みられた。しかし、語順で意味解釈を行う英語では対応することができても、助詞や語尾変化が激しい日本語では困難、さらには、不自然で不適切な文を大量生成してしまい、それを抑え込むことができずに、この計画は破綻した。

　人間の脳は、こうした処理を行ってはおらず、人工知能で採用されているように、データ（用法・用例）を蓄積して、そこから傾向を探り出し、整理した上で原理原則を導き出して、問題の解決策を発見することが、認知科学から立証された。ただし、人工知能は、人間の脳を再現していると言うよりは、問題解決に力点を置いて、強力に最適化されたコンピュータシステムである。

　言語の根本的な機能は、適切、正確、円滑に、聞く・話す・読む・書くことであり、それらを実行するのは一人一人の学習者である。人工知能は、教育実践において、教師がカリキュラムを具現化するための手段の一つに過ぎない。人工知能を活用した教材や教具は、人間の言語能力を育む支援具として位置付ける。

　そのためには、認知科学、心理学と教育学に基づく理論的根拠のある、効果的かつ効率的なプログラム作成が前提となる。日本人の手で生み出された最先端技術の成果が、学習者と教師にとって有意味な技能学習を可能としていく教材・教具であることが望まれる。開発者には、本書で述べてきた内容に準じて、従来とは全く異なる新しい発想で、教育価値を高める技能学習指導の支援具を、提供することに邁進して欲しい。

4.3.2. 人工知能脅威論

　英語教育の目的として、経済性や実利実益を追求する場合、機械のほうが大幅に精度と効率は上がるため、外国語学習の必要性は著しく低下していく。近い将来には、正確な自動翻訳が高速で提供されるようになり、訳読式は機械に取って代わられ、人間が訳す必要はなくなる。そのため、訳された

日本語を解釈するための国語力を、確実に高める教育が求められるであろう。また、外国語で話すことと、書くことを手放した人間に代わって、人工知能ロボットやCALLが支援を行うことになる。「なぜ英語を学習するのか」が、再び問われる日がおとずれる。

英語教育に、小学校から長い時間を配当する意義が失われ、外国語は古文や漢文と同じ言語教育の一部として位置付けられ、国語科に組み込まれるかもしれない。利潤や費用対効果から試算すれば、全国民が義務教育として外国語を長期間学ぶ目的など、全くなくなるからである。外国語教育不要論の台頭が予見され、教師を含めて人間の職業が奪われていくことになる。

しかし、教育学の実証研究によると、CALLのカリキュラムによって、人間言語としての外国語運用能力を培うことには、限界が見えている。人間の陶冶とは、経済原理に惑わされ、社会は方向を見失い、人工知能に依存した効率性で淘汰する、そのようなものなのか、再び問いかけたい。

5. 自律する学習の意義

外国語能力は、たゆまぬ努力と忍耐、飽くなき好奇心の結晶である。正確な外国語が流暢に使いこなせることを願い、感覚運動器官を調整し、脳内に外国語処理のネットワークを構築していく。それを維持、高速化させるために、絶えず外国語を入出力することに傾注してきた結果、獲得できるものである。そのため、学校教育の成果として、週に数時間の限定された外国語への接触で、こうした機能が確立することは難しい。

5.1. 将来に向けた英語学習

学校教育の目的は、全ての教科で言えることであるが、基礎・基本を網羅することによって、学習者の可能性を見いだし、進路・職業選択で生かす素地を培うことである。その結果、「善良な市民」として、幸せな人生を設計するための、根幹となる知識と技能が育まれていく。学校では、学びのきっかけを授与されたに過ぎない。学習対象の深化と熟達は、学習者個人に委ね

られている。

　たとえば、学校で漢文や古文を習った、あらゆる日本人が、毛筆で書かれた漢詩を朗々と読み上げて、瞬時に意味解釈を行うことはできるのか、古文書の文章内容を、即座に説明することは難しいのではなかろうか。

　外国人と交流したいと望むことは、申し分のない学習動機である。しかし、学校で英語教育を受けただけで、母語に近い運用能力の定着を期待することは、相当に欲張りな願いである。体育の授業で泳ぎ方を習った成果として、四種目の競泳選手になれるかは、おぼつかない。

　文系に進学した学習者の中には、微分積分や物理は、高校三年生の時に勉強したという記憶しか残ってはおらず、肝心の公式や定理は全く覚えていない。しかし、技術者たちにとっては、日々活用している欠かせない知識体系である。学校で作詞作曲法も教授されたが、今では全く楽譜は読めない、書けない。なにが、どう記憶されるのかは、学習者によって千差万別である。

　学習者にとって、なぜ英語を学ぶのか（学習目的）、どこまで学べば良いのか（学習目標）は、自律性を高める上で重要な観点となる。しかし、多くの児童・生徒は、学校で教科として教えられて、試験のために勉強することが通例である。ことのほか英語に対しては、周囲から、「将来のため」と期待され、有益さ、入学試験などの合格といった、当面の目標達成を強調する気運が高い。

　学習者が英語に興味関心を持ち、好きな対象となれば、自ら積極的に学ぶようになる。あるいは、不得意であっても勉強しようとする自律性が育っていれば、人間には努力を積み重ねる能力が与えられている。かつては、本と辞書、カセットテープ、ラジオやテレビしか、外国語の教材・教具はなかったものである。今こそ、自分の認知スタイルに合った学習方法を選択して、自学自習することができる環境が整っている。従来からの対人式学習法に加えて、コンピュータシステムの飛躍的発展により、多種多様な選択肢が存在している。外国語学習には、誠に理想的な時代の到来である。

　最近の風潮として、保護者と子どもとの世代間の相違は著しく「このように自分は英語を勉強した」という、時代遅れの「常識」を振りかざすことな

ど通用しない。ましてや、そのような経験知を大人が強制することは、時として不適切でもある。目標とする英語力が、翻訳能力ではなく4技能、さらには統合技能となっており、親世代の学習方法では、全く対応することができない。認知科学と情報科学の知見に基づき、外国語学習理論は進化しているからである。

世の中には、さまざまな情報が溢れ、思い付きや印象、体験談の域で発言を繰り返す、学者や批評家が闊歩している。百家争鳴の中、高見に立って誰が何と言おうと、自分自身の脳内に外国語処理のネットワークを創成していく以外に、目標にはとどかない。それを達成し得るのは、教師を含めた個々の外国語学習者である。粛々と自律学習を進めて、母語以外のことばを身につけて保持し、運用して大いに活躍したいものである。

5.2. 英語科教員への継続的な支援

統合技能指導を円滑に進めるためには、英語科教員志望者は、大学・大学院時代に一年程度の留学経験が必要であろう。聞く・話す・読む・書く能力の獲得には、頻繁に技能を活用して、脳内に外国語の処理基盤を創成する過程が不可欠となるためである。

さらに言えば、そうした脳内ネットワークは、急速に潜在化していくため、維持、活性化させる目的から、意欲のある英語教員に対する海外研修の機会、英会話教室の受講、教科教育の再学習に専念できる体制を制度設計上確立して、切れ目のない教師への支援が理想的である。

英語や英語圏が好きな教師、真面目な教員は、専門職であることを自覚して、限られた貴重な余暇を削り、私費で自己研鑽を積んでいる。そうであっても、日々接触する外国語のレベルに最適化されて、言語知識の多くは忘却して記憶から消滅する。中学校教師が、TOEIC/TOEFL受験を強制されて、心配、不安、恐れを感じているが、自身の英語の単純化と語学力の低下は、日本では避けられない事態である。そのため、外部試験は、英語教員としての自律した学習を促し、一定の英語力を担保するための措置として、果敢に挑戦することに、熱い応援を送りたい。

あとがき

　「文法訳読法なんて、時代遅れで諸悪の根源である。」短絡的で非論理的な言説に、自らの学習経験を全て否定された教師たちは今、教壇に立ち、児童・生徒に、なにを、どのように教えているのであろうか。

　著者が英語科教育法を受講したのは、CLT の導入期であった。担当教授は受講者に「教室英語」を訓練させて、中学生に会話を促す方策を熱く指導しておられた。しかし、この教授法は、日本では非現実的な授業として、学生たちの中には、冷めた見方も少なくはなかった。

　教員志望者は、「授業実践のために英語力を高めて、英語母語話者を目指せ」と叱咤激励されてきた。この英語力とは、技能をとおして脳内に獲得した、言語処理を遂行する語彙と文法の知識なのである。著者の学生時代には、自発的な努力と英語圏に身を置く以外に、そうした学習は不可能に近かった。現代の若者であっても、事情は同じである。著者は、英語科教員養成や教員研修に深く携わってきたが、安定した運用能力を定着させるためには、英語圏に半年から一年程度留学する以外に、発表語彙を獲得保持する手立ては見当たらないように思われる。

　授業用の「教室英語」を学んだ教師には、果たして授業を英語で展開するだけの、英語力は培われているのか。小学校段階にふさわしい英語を、適切で正しく流暢に話すことはできるのか。英語力が乏しければ、技能指導は困難であり辛いものでもある。教師は、技能学習指導のすべを、誰から、どのように授けられたのか。一生を英語教育にかける自負は、守られているのであろうか。

　言語環境が全く異なる、遠い異国由来の教育制度や方法論に対して、教育者は、「自分はなにを、なぜ教えているのか」という本質的な疑念を失わず、批判的思考を持ち続けることである。私たち日本人は、いつまでも自国

の解決策を、他国に求めることは、厳に慎まなければならない。

　岡倉天心の思想を借りて、次のことばを贈りたい。

　　教育は模倣であってはならない。独創がなければ教育ではない。
　　本当の自分が出ていなければ、教育者ではない。

　このことばを実践するためには、理論的根拠に基づいた教育諸科学の知識
と、教育者としての矜持に支えられていることが、その根本にある。

　　　　　　　　　　　　　　　　　　　　　　　　　　　　著　　者

索引

A-Z

CALL 41, 84, 200
CLT 15, 20, 23, 41
copy & paste 86
Harold Palmer 189
Noam Chomsky 194
TOEFL® iBT 78, 173
TPR 128

あ

アウトプット 59
アメリカ一般発音（GA） 49, 94, 100, 111, 123, 191
誤り 17, 33, 39, 41, 51, 58, 75, 102, 103, 113, 114, 124, 155, 166, 167, 187, 189, 191, 198
アルファベット 47, 106, 110, 112, 133, 135, 188
暗記 9, 22, 23, 29, 54, 57, 59, 112, 115, 136, 179
暗唱 57, 115, 179
言い換え 31, 33, 81, 150, 151, 161, 165, 201
遺伝子 99
意味の場 31
イメージ 30, 129, 195
意欲 10, 30, 55, 64, 113, 118, 125, 165, 172, 179, 200, 205
インタビュー 128, 152
イントネーション 130, 151, 156, 167
インフォメーション・ギャップ 128
インプット 59
韻律 188
歌 103
運動器官 50
英語科教員 50
運用能力 28, 35, 41, 43, 54, 58, 64, 75, 137, 141, 153, 158, 166, 179, 192, 199
英英辞書 86, 151, 165, 170
英語科教員 50
英語教育 2, 4, 22, 37, 40, 42, 72, 75, 87
英語圏 15, 18, 20, 34, 40, 50, 55, 75, 107, 119, 174
英語母語話者教師 12, 26, 50, 86, 99, 159, 168
英問英答 149
演繹 97
演劇（劇） 61, 115, 147
オーディオ・リンガリズム 118
オノマトペ 31
音韻認識 195
音韻符号化 124, 129, 156
音韻ループ 38
音韻論 102, 182
音質 111, 123
音声 14, 37, 46, 57, 94, 98, 112, 116, 138, 178
音声化 54
音声学 116, 126, 182
音声認識 41, 182, 183, 199
音声変化 122, 124, 178, 184
音節 94, 100, 106, 127, 184, 187, 195

音素　100, 106, 127, 186, 195
音読　14, 54, 61, 68, 113, 129, 156

か

解読　54, 129, 156, 182, 195
概念　97
外部試験　172, 205
鏡文字　48, 94, 99, 106, 109, 133, 139, 179
書き言葉　137, 148, 156
書き取り　124, 127, 133, 135
学習　53
学習指導要領　22, 43, 87, 174
学習障害　64, 110, 135, 179
化石化　109
仮想空間　200
型　125, 127, 128
カタカナ　94, 102, 108, 113, 115, 187
過程重視の指導法　167
仮定法　155, 179, 180, 193
仮名　101, 106, 187
カリキュラム　5, 20, 40, 65, 75, 88, 202
加齢　17, 50
感覚運動期　96
感覚運動器官　39, 53, 58, 62, 73, 94, 115, 117, 119, 122, 138, 182, 190, 194, 199
感覚器官　52, 61, 111, 113, 190, 195
眼球運動　11, 12
関係代名詞　130, 193
干渉　18, 101, 108
関連性　52
キーワード　81, 85, 160, 162
記憶　5, 16, 27, 29, 48, 52, 124
机間巡視　134, 137

規則　59, 97, 107, 112, 114, 124, 136, 139, 140, 179, 193, 195
気付き　134, 139
技能　27, 43, 46, 57
技能教科　43, 46
機能語　188
教育方法　5, 16, 41
教育方法論　11, 197
教員養成　95, 100, 183, 189
教科書　42, 74, 105, 111, 129, 130, 136, 146, 149, 153, 156, 159, 169, 176
教室英語　125
強弱　101
教授学習理論　5, 22, 26, 40, 87
強勢　94, 105, 127, 130, 187
矯正　50, 104
協働　23, 44, 56, 86, 122, 162
空所補充　127, 132, 135, 138, 152, 162
句構造規則　122, 140
具体的操作期　97, 98, 106, 113, 190
句読法　179
グループ学習　98, 115
形式的操作期　97, 98, 106, 126, 191
形状　14, 48, 106, 108, 109, 112, 113, 133, 195
言語運用　75
言語記述・言語分析のための文法　13, 33, 182, 193
言語教育　4, 20, 147, 192, 203
言語習得　14, 20, 37, 38
言語習得装置　95, 190
言語習得理論　128
言語処理　60, 75
言語喪失　119

言語知識　16, 27, 31, 41, 48, 57, 86, 108, 124, 145, 167, 182, 205
言語病理学　39, 104
言語理解・言語表出のための文法　13, 34, 75, 182, 193
語彙　27, 28, 114
語彙中心の指導法　36, 64, 180
語彙力　29
構音障害　99, 113
口語体　148
構造　11, 114, 140, 158, 160, 179, 196, 198
構造言語　12, 131, 140, 158, 196
高速　11, 14, 17, 27, 53, 146, 167, 196
後置修飾　12, 130
高頻度語彙　77, 124, 133, 140, 153, 165
構文解析技術　9, 78, 131, 158, 161, 164
コーパス　35, 41, 168, 192
呼吸法　101, 147, 188
国語　98, 109, 110, 113, 153, 157, 167, 169, 203
国際語　51, 72
国文法　130
心の理論　97
語順　12, 27, 48, 94, 127, 130, 140, 158
個人差　17, 60, 64, 113, 119, 135, 144, 199
5w1h　146, 169
個別学習　10, 199
語法　22, 43, 72, 84, 156, 173
コミュニカティブ・ランゲージ・ティーチング　15, 23
コミュニケーション　3, 11, 51, 97, 98, 112, 114, 189, 191
コミュニケーション方策　151
語用論　191

困難性　74

採択　42, 54, 101, 175
最適化　119
作業記憶　38
先読み　75, 198
三人称・単数・現在形　17, 58, 114, 198
子音　38, 94, 100, 106, 124, 186, 195
子音連続　102, 110, 139, 184
自学自習　69, 111, 122, 126, 137, 150, 199
視覚処理優勢型　60
思考　96
自己中心　96
舌　186
失読症　48, 106, 113
視点　97
視点追跡　130
自動　13, 14, 17, 27, 58, 101, 111, 198
自動翻訳　202
弱化　101, 147, 150, 184
弱形　135, 151
シャドーイング　14, 55, 65
自由作文　81, 82, 85, 134, 161, 166, 177
修飾　130, 196
習得　16, 30, 102, 106, 117, 118, 190, 195
柔軟性　50, 117, 122
周波数　38, 49, 111, 138, 186, 195
自由発話　81, 82, 128, 153, 155, 166
熟達　9, 13, 17, 53, 203
出力系　197
受容語彙　28, 31, 33, 74, 83, 126, 151, 154, 176
手話　46

上級段階　xvi, 9, 13, 40, 77, 144, 153, 158, 161, 162, 171

状況　23, 30, 34, 56, 57, 112, 136, 154, 192

初級段階　xvi, 39, 49, 76, 104, 115, 125, 127, 131, 132, 136, 144, 156

書写　108

処理系　196

シラバス　40, 65

自律学習　50, 69, 137, 178, 188, 191, 199, 201

人工知能　26, 35, 41, 42, 168, 199, 201

身体処理優勢型　61, 147

心的辞書　17

推敲　162, 167, 170

スカイプ　200

スキミング　132, 163

スキャニング　132, 163

スクリプト　150, 161, 175

スピーチ　61, 147

生活言語　15, 40, 80

制御作文　82, 85, 135, 138, 168, 177

制御発話　128, 140, 168

精読　144, 158, 161

生得的　95, 106, 190

生理的　94

接触頻度　16, 30, 34, 57, 76, 80, 116

接触量　16, 30, 57, 76, 80, 108, 119, 158, 201

潜在　94, 99, 205

潜在記憶　119

潜在能力　48

前操作期　96, 107

総合英語　74

相互作用　118

速度　14, 49, 94, 111, 123, 129, 138, 153, 157, 163, 167, 178

速読　12, 13, 164, 196

素材　30, 42, 94, 128, 144

空耳　102

た

大学英語教育　13, 172, 177

第二言語習得　34

第二言語習得理論　20, 40

脱落　101, 135, 150, 178, 184

多読　78

段階性　xvi, 39, 74, 82, 113, 134, 178

探究　4, 23, 44, 55

単語帳　9, 11, 29, 30, 73, 136

単語テスト　9, 11, 27, 29, 54, 64, 108, 135, 158

段落　161, 168

段落構成　78

チャンク　59, 129, 140

チャンツ　103, 111

注意　16, 34, 52, 56, 102, 117, 124, 188

中央系　196

中級段階　xvi, 3, 13, 29, 37, 40, 49, 76, 144, 149, 160, 162

中高年　117

注目　16, 34, 52, 56, 102, 117, 124, 188

調音　183

調音位置　186

調音器官　49, 95, 104, 156, 195, 199

調音コントロール　116, 124

調音動作　50, 125, 126, 184, 188

調音様式　186

聴覚器官　38, 49, 50, 95, 101, 104, 111,

116, 124, 186, 195
聴覚処理優勢型　61
長文　9, 11, 84, 138, 156, 158
直訳　82, 136, 151
直感　16, 40, 94
つづり　30, 108, 112, 124, 129, 133
つぶやき読み　131, 157
つまずき　38, 48, 74, 110, 130, 140, 146,
　157, 187
定型表現　28, 33, 59, 76, 80, 82, 105, 114,
　125, 135
丁寧　77, 78, 152, 180, 193
低頻度語彙　153, 154, 161, 162, 165
ディベート　61, 153, 155
適切さ　33
デジタル教材　199
転移　13, 18, 101, 102, 108, 187
点字　39, 64, 109, 195
電子テキスト　138
同化　185
動機　55, 125, 145, 147, 172, 204
統合技能　4, 37, 73
動詞　12, 29, 31, 48, 59, 114, 130, 139,
　157, 160, 196
討論　61, 82, 153, 154
トーン　151, 167
トップダウン　88, 161, 163
ドラマ　128, 147

な

内語　195
内容教科　43
内容語　11, 76, 131
訛り　50, 94, 99, 113, 189

並べ替え　135, 161
ナレーション　156
二重母音　187
日本人英語　26, 51, 188
日本人訛り　50
ニュアンス　31, 84, 151, 162, 168
入学試験　12, 22, 26, 98, 144, 171, 178
乳児　95
入門期　xvi, 39, 49, 100, 104, 111, 115, 188
入力系　195
認知発達　14, 38, 95, 105, 106, 110, 112
ネットワーク　28, 200
年齢　18, 38, 49, 94, 106, 118, 122, 125,
　138, 190, 199
脳内の翻訳機　14

は

背景知識　75, 81, 83, 84, 129, 132, 145,
　149, 152, 161, 163
バイリンガリズム　20, 115
バイリンガル　20, 115, 117, 188
パソコン　122, 135, 137, 199
発音　30, 33, 37, 49, 58, 99, 101, 104, 111,
　124, 126
発音記号　38, 112, 124, 138
発表　40, 49, 61, 81, 82, 89, 115, 137, 147,
　153, 168, 175
発表語彙　28, 31, 33, 74, 83, 126, 133, 149,
　151, 154, 159, 161, 165, 169, 176
話し言葉　103, 137, 148, 156
場面　23, 30, 33, 34, 56, 57, 136, 154, 192
反意語　31, 33, 152
反復　114
批判的思考　3, 176

表意文字　106
表音文字　106
評価　10, 41, 46, 47, 99, 200
表現形式　28, 31, 33, 35, 41, 57, 102, 114, 124, 126, 137, 146, 180, 192
拾い読み　129
品詞　130, 140, 160, 165
頻度　201
フィードバック　200, 201
フォニックス　47, 107, 124, 139
復唱　114, 123
雰囲気　94, 115
文化　18, 41, 77, 78, 114, 122, 153
文語体　148
分散練習　57, 112
文法　27, 28
文法書　36
文法ドリル　9, 11, 27, 54, 65, 73, 158
文法訳読法　9, 27, 41, 73, 124, 131, 161
文法用語　33, 35
文脈　23, 30, 33, 34, 56, 57, 136, 140, 154, 192
文脈化　42, 175
ペアワーク　98, 115
変化　101, 135
母音　38, 94, 100, 106, 124, 139, 186, 195
忘却曲線　29
方策　11, 13, 14, 56, 58, 125, 127, 131, 140, 158, 196
ポートフォリオ　56
母語　9, 10, 13, 18, 31, 40, 75, 115, 119, 153, 189, 196
母語同一化音声処理　39, 50, 189
母語話者　11, 16, 20, 26, 34, 35, 40, 46,

86, 153, 201
ボトムアップ　88, 163
翻訳癖　127, 146

ま

マッチング　127
まとまりのある文章　13, 37, 80, 84, 126, 145, 149, 153, 161, 178, 195
未知語　150, 159, 163, 165
無意識　30
明示的知識　58
メタ言語　33, 36, 179
メロディ　103
目的　2, 8, 16, 22, 26, 166, 172, 203, 204
黙読　61, 68, 130, 131, 157
目標　2, 8, 16, 22, 72, 166, 172, 204
目標言語　10, 15, 20, 34, 40, 80, 116
文字　14, 37, 39, 47, 98, 106, 112, 113, 127, 133, 139, 195
モニター　75, 157, 182, 198
模範　49, 105, 111, 124, 137, 162
模倣　96, 104, 187

や

やり取り　32, 37, 39, 66, 76, 84, 88, 105, 133, 137, 145, 154, 175
容認発音（RP）　49, 94, 100, 111, 123, 191
用法　16, 29, 33, 35, 59, 114, 136, 146, 159, 193
要約　14, 78, 80, 85, 149, 151, 155, 161, 162, 170
用例　16, 29, 33, 35, 59, 136, 146, 159, 193
抑揚　94, 103, 147, 188

読み上げ　39, 80, 106, 108, 113, 126, 129,
　146, 157, 195
読み聞かせ　100, 129
4技能　3, 22, 26, 72
4線ノート　108, 112

ら

理解　53
理解容易性　51, 188
リズム　102, 184, 188
類義語　31, 33, 152
レディネス　xvi
連結　185
連語　30, 33, 133, 163
連続体　29, 34, 48, 105, 112, 114, 126, 140
ローマ字　110, 113, 135
ロールプレイ　61, 85, 128, 152, 155

わ

和文英訳　167

【著者紹介】

中森誉之（なかもり たかゆき）

〈学歴〉横浜国立大学教育学部中学校教員養成課程英語科（学士）、ロンドン大学（UCL）大学院音声学・言語学研究科（言語学修士）、東京学芸大学大学院連合学校教育学研究科（教育学博士）。
〈職歴〉日本学術振興会特別研究員、横浜国立大学非常勤講師を経て、現在京都大学大学院人間・環境学研究科准教授。

〈主要著書〉*Chunking and Instruction: The Place of Sounds, Lexis, and Grammar in English Language Teaching*（2009 ひつじ書房）、『外国語はどこに記憶されるのか―学びのための言語学応用論』（2013 開拓社）、『外国語音声の認知メカニズム―聴覚・視覚・触覚からの信号』（2016 開拓社）、*Foreign Language Learning without Vision: Sound Perception, Speech Production, and Braille*（2016 ひつじ書房）

技能を統合した英語学習のすすめ
―小学校・中学校・高等学校での工夫と留意
Integrated Foreign Language Skills at School
Takayuki Nakamori

発行	2018 年 9 月 7 日　初版 1 刷
定価	2400 円＋税
著者	© 中森誉之
発行者	松本功
印刷・製本所	亜細亜印刷株式会社
発行所	株式会社 ひつじ書房

〒112-0011 東京都文京区千石 2-1-2　大和ビル 2 階
Tel.03-5319-4916　Fax.03-5319-4917
郵便振替 00120-8-142852
toiawase@hituzi.co.jp　http://www.hituzi.co.jp/

ISBN978-4-89476-924-3

造本には充分注意しておりますが、落丁・乱丁などがございましたら、小社かお買上げ書店にておとりかえいたします。ご意見、ご感想など、小社までお寄せ下されば幸いです。